MINHA INFINITA BATALHA

THIAGO B. MARIANI

Consultora Editorial
Nereide Santa Rosa

ISBN-13: 978-1-949868-04-3

Publicado por Underline Publishing LLC
www.underlinepublishing.com

Projeto Gráfico e Capa: Priscila Santa Rosa

DEDICATÓRIA

Neste exato momento eu me dou conta que estou agradecendo a escritora Nereide Santa Rosa por ter me inspirado em escrever, em contar minha história, em inspirar outros a seguir seus sonhos e nunca desistir, e Richard Rasmussen que eu considero irmão por ter lido o primeiro capitulo e falado, "ficou do caralho, manda bala".

Agradeço a oportunidade de escrever este texto que poderá inspirar uma mãe que está sozinha a não desistir, e a acreditar que seu filho ou filha vai ganhar esse mundo e precisar de sua batalha constante para sobreviver.

Obrigado, obrigado, obrigado…

Agradeça sempre e mais virá, simples assim.

Thiago

ÍNDICE

"No total, enquanto estive no Grupo de Operações Especiais TACLET prendi 48 pessoas entre traficantes de drogas, fugitivos e alvos do Governo Americano, participei na apreensão de mais de 11 toneladas de cocaína pura com o valor de venda estimado em 350 milhões de dólares. Nesse tempo que trabalhei em nosso grupo, recebemos o prêmio do Escritório Nacional de Controle ao Tráfico de Drogas "Golden Eagle Award" que escolhe o melhor grupo entre todas as agências federais."

Thiago Bruno Mariani

CARTA DA EDITORA

Este livro conta a história verídica de um garoto brasileiro que se tornou herói norte-americano, atuando de maneira exemplar na Guarda Costeira Americana e no Grupo de Operações Especiais nos Estados Unidos, salvando vidas em vários países do mundo. Thiago é veterano, herói respeitado por seus colegas e pelo governo norte-americano, ganhador de medalhas por diversas ações heroicas.

Neste livro ele conta sobre sua infância no Brasil e a vinda aos Estados Unidos como fatores decisivos na formação de seu caráter. Revela as decisões pessoais que o levaram a escolher caminhos sempre em busca de desafios. Conta detalhes de algumas de suas missões e mais do que tudo, sobre a sua luta interior contra seus sentimentos.

Neste texto o leitor vai encontrar um herói de carne e osso, com dúvidas, conflitos, prazeres, tristezas e questionamentos, tal como somos na luta de nossa vida. Mas Thiago tem algo mais: determinação e caráter! Ao longo de sua história, ele sempre acreditou que, quando queremos algo, devemos correr atrás e fazer acontecer.

Essa foi sua batalha que foi infinita até encontrar seu caminho.

Nereide Santa Rosa

Quadro de Medalhas de Thiago Mariani - Acervo Pessoal.

De cima para baixo, esquerda para direita:

- Coast Guard Achievement Medal
- Commandants Letter of Commendation
- Coast Guard Presidential Unit Citation
- Coast Guard Unit Commendation
- Coast Guard Meritorious Unit Commendation
- Coast Guard Meritorious Team Commendation
- Coast Guard Good Conduct Medal
- National Defense Service Medal
- Global War on Terrorism Expeditionary Medal
- Global War on Terrorism Service Medal
- D.O.T. 9-11 Coast Guard
- Coast Guard Special Operations Service
- Coast Guard Sea Service
- Coast Guard Expert Rifle
- Coast Guard Expert Pistol Shot

PRIMEIRA PARTE
INFÂNCIA E JUVENTUDE

"Aprendi a seguir minha batalha, que parece infinita por ser intensa, e ainda é meu caminho de conquistas e de lutas. Com muita honra, hoje eu sou veterano, ganhei medalhas e reconhecimento, mas o mais importante foi o dever de ajudar o próximo, que me fez a ajudar a mim mesmo."

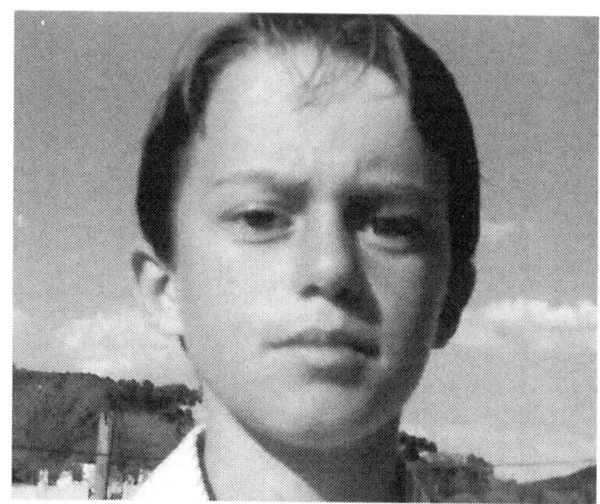

Thiago criança - Acervo Pessoal.

Thiago em 2019 - Acervo Pessoal.

1
A INFINITA BATALHA

Minha infinita batalha começou em um novembro cheio de inseguranças, incertezas e medos, bem antes de eu nascer. Esses eram os sentimentos que dominavam minha mãe naquele momento quando recebeu a inesperada notícia dada pelo doutor, que calmamente lhe informou a difícil gravidez. Ela conta que naquele instante tantos sentimentos surgiram. Susto, emoção e preocupação.

Até hoje imagino o que deve ter passado em sua mente ao receber essa notícia. Ela sabia que a jornada seria árdua, mas essa eterna batalhadora, que hoje eu simplesmente chamo de mãe, assumiu que eu viria ao mundo e lutou intensamente para que eu nascesse. Os seus sentimentos, ao invés de lhe desanimarem, a tornaram mais forte pronta para enfrentar a nossa infinita batalha.

Minha mãe morava e trabalhava em Curitiba, longe da família. Estava totalmente sozinha, inclusive por descobrir que meu pai não iria fazer parte dessa luta. Os recursos eram escassos, e todos os dias acordava com a esperança de conseguir um trabalho para guardar dinheiro e começar sua vida.

Depois de meses de muita luta e suor, finalmente conseguiu um trabalho, o qual cumpriu com louvor e dedicação até o último dia da gravidez. Hoje eu sei que herdei esse seu espírito de luta. O que sou, o que faço e o que fiz, aprendi com seu exemplo de vida e perseverança.

Foto da minha mãe - Acervo Pessoal.

2
BRASIL 1979:
NASCIMENTO

Em uma manhã ensolarada em maio de 1979, na cidade de Curitiba, eu resolvi vir ao mundo para a alegria de minha mãe e de toda a família. Com a notícia de meu nascimento, minha família veio de Iomerê, uma cidade maravilhosa no interior de Santa Catarina no Brasil, localizada a 341 quilômetros de distância, só para me conhecer!

Nasci forte e saudável, um garoto que minha mãe carregou com orgulho ao reencontrar seus parentes. A alegria de todos foi intensa compensando a longa viagem.

Naquele tempo, Curitiba estava em pleno desenvolvimento urbanístico e era conhecida por todo o país por seus projetos inovadores no transporte urbano, pelos parques recém-inaugurados, dando novos ares a cidade. Novos tempos para a cidade! Novos desafios para minha mãe!

3
AS DIFÍCEIS DECISÕES
QUE DEFINEM A VIDA

No início, o encontro com a família foi emocionante, mas logo passou a ser motivo de preocupação para minha mãe. Os questionamentos sobre como ela iria se sustentar e cuidar de seu bebê, transformaram-se em insistentes apelos para que me levassem embora.

Nos anos 1970 as dificuldades ainda eram intensas para as mulheres emancipadas, mesmo com as transformações sociais da época, o reconhecimento do papel feminino na sociedade era uma conquista recente.

Assumir sua família e sustentá-la sozinha demonstravam o quanto a minha mãe era corajosa e pioneira na luta pela igualdade das mulheres.

A insistência de sua família não a fez desistir. Ela negou os apelos e aceitou sua missão com muita coragem e determinação.

Foi esse seu instinto maternal que eu sempre admirei e por qual sinto muito orgulho. Foi esse sentimento que desde cedo ajudou a me tornar quem eu sou.

Sentimento que nasceu comigo! Essa batalha me fez entrar de cabeça e alma em tudo que fiz e faço hoje em dia. Foi onde nasceu a coragem, a perseverança e a certeza que tudo vai dar certo na vida. Assim começa a minha história de vida.

A família retornou a Iomerê. Eu e minha mãe permanecemos em Curitiba. Dia após dia as dificuldades aumentavam. Trabalhar para se sustentar e cuidar do bebê era a sua rotina diária. Minha mãe trabalhava como vendedora de seguros e por não ter outra opção acabava me levando para o trabalho. Nesses dias eu ficava com a secretaria da empresa quando ela precisava atender algum cliente. Uma vida difícil para uma mãe zelosa.

Depois de alguns meses minha mãe conseguiu uma senhora para cuidar de mim e assim ela não precisava me levar para o trabalho. Isso não durou muito tempo, porque certo dia ela não apareceu mais. A solução de emergência encontrada pela minha mãe foi me deixar na casa de uma vizinha. Assim começou a nossa peregrinação por um lar.

Uma amiga de minha mãe, que tinha recentemente se divorciado, nos convidou para morar com ela em um bairro afastado do centro de Curitiba. A princípio, parecia uma boa ideia e essa foi nossa primeira tentativa. Minha mãe achava que eu teria finalmente um lugar estável, mas o que ocorreu foi exatamente o contrário. O ex marido da amiga da minha mãe voltava bêbado para brigar com ela e isso tornou o lugar perigoso. Tivemos que nos mudar o mais rápido possível.

O tempo passava e os problemas continuavam. Quando eu já tinha um ano e meio de idade, passamos o Natal e o Ano Novo de 1980 em Iomerê na casa dos meus avós e ficamos por lá.

Estava tudo indo bem até que recebemos um telefonema informando que a casa de Curitiba tinha sido assaltada e haviam levado todos os nossos pertences. Mais uma vez não tínhamos onde morar. Parecia incrível tantas mudanças!

Minha mãe não se abalou.

A eterna batalhadora me pegou no colo e tomamos o ônibus numa viagem de oito horas retornando a Curitiba. Quando chegamos na rodoviária não tínhamos para onde ir e minha mãe me levou para uma creche. Lá chegando, uma das professoras, que sabia o que tinha acontecido, ofereceu um lugar em sua casa. Mais um novo lar. Porém essa opção também não durou muito tempo, pois o seu irmão, que estava preso, foi solto e ali também ficou perigoso para morarmos. Mais uma vez fomos nós para outra casa. Assim fui descobrindo as dificuldades da vida e percebendo a luta de minha mãe.

Nesse percurso encontramos tantas pessoas! Tantos amigos! Tantos anjos da guarda! Foram vários lugares, mas especialmente muitos amigos e pessoas que viam as nossas dificuldades e nos ajudavam. Pessoas que eu não conheço, mas que serei eternamente grato. Pessoas que, verdadeira e indiretamente, me mostraram como deve ser uma pessoa boa, e como é se sentir no dever de sempre querer ajudar a todos.

4
ASSIM SE FORMA UM HERÓI

Em 1981, já com 2 anos de idade, uma tia avó, que chamava de titia, veio nos visitar em Curitiba. Novamente a família se preocupava com a nossa situação. Ao chegar, já sabendo das dificuldades, pediu para me levar para viver com ela em Itaiópolis, no interior de Santa Catarina.

No início, a minha mãe ainda tentou recusar, mas não teve alternativa pois agora eu teria um lar com família e ela considerou que seria para o meu bem.

Um mês depois fui morar com essa tia, que se tornou minha segunda mãe, junto com o meu tio e os seus 3 filhos: o Amauri que foi meu padrinho, a Janete que foi morar com minha mãe em Curitiba enquanto estudava e o Evandro, o mais novo da turma. Os três se tornaram meus irmãos e essa vida em família foi fundamental em meu crescimento. Foi na casa de meus queridos tios que, pela primeira vez, me senti em um lar.

A infância em Itaiópolis foi muito boa e diferente. Tudo era novidade e aprendizado.

Uma das lembranças mais significativas é a de Dona Tereza, a cozinheira da casa. Ela e minha tia me acolheram nesse novo lar. Ganhei duas mães! Lembro-me com alegria como elas faziam a melhor sopa de feijão que já comi. Essa foi uma das receitas que tentei reproduzir e, depois de muitas tentativas, desisti de tentar. Um dia ainda conseguirei. Curioso, ficava observando a maneira como Dona Tereza cozinhava atrás do fogão a lenha. Sua comida era incrível. Esses momentos foram marcantes e despertaram a minha curiosidade para cozinhar. Hoje o ato de cozinhar se tornou um meio de relaxar a mente depois do stress do dia a dia.

O tempo começou a passar rápido.

Logo passei a frequentar a minha primeira escolinha, Abelhinha Feliz. Apesar de ter vários amiguinhos, a minha diversão era fugir da escolinha para ir ao parque que ficava a alguns quarteirões. Não tinha medo de sair sozinho. Minha professora até já sabia onde me achar com facilidade!

Além de valente, eu fui uma criança curiosa e desconfiada. Na primeira festinha de Natal na escola, todo mundo ficava olhando para o Papai Noel. Eu também o observava, mas logo o achei meio esquisito, e não contente, fui investigar por minha conta o tal Papai Noel. Escondido, sorrateiramente, cheguei mais perto e mais perto, até que descobri o seu segredo. Um grande segredo para um menino de cinco anos! Nessa festa descobri que aquele Papai Noel era de mentira! Na minha investigação descobri que era um palhaço com um esqueleto de madeira! Mostrei a minha descoberta para todos e foi aquela confusão!

Afinal, a verdade sempre tem que prevalecer!

Certa vez, jogando futebol na rua, eu chutei a bola para o alto e ela voou até cair no posto de gasolina. Ao procurá-la, descobri que alguém a havia roubado e não me devolveram. Aquilo me deixou muito chateado. Fiquei pensando nisso, bem cismado. Dias depois cortando o cabelo na barbearia, a minha cisma se tornou mais forte e fui perguntar para a professora grávida, que estava ali presente, porque ela tinha engolido a minha bola e não quis me devolver! Inesquecível! Sempre fui desconfiado e essa não foi a primeira nem a última vez, que minha mãe passaria vergonha com minhas "bolas foras".

Na casa de minha família, meu tio foi a primeira figura masculina na minha vida e aprendi muito com ele. Tínhamos uma amizade fraterna. Uma lembrança especial dele foi quando ele estava brincando com meu arco e flecha acabou quebrando o vidro de uma janela. Eu assumi a culpa para que a minha tia não ficasse brava com ele e esse fato ficou sendo nosso "segredo".

Certo dia fiquei extremamente preocupado. Meu tio se acidentou ao cair na calçada molhada de nossa casa. Isso o deixou sem poder andar e ele começou a ficar em casa deitado e usando cadeira de rodas. Até hoje ele lembra como eu ficava em casa "cuidando" dele, e se acaso fosse jogar futebol, eu voltava a cada cinco minutos para ver se ele precisava de algo.

Foto da minha festa de aniversário de 3 anos. Da esquerda para direita: Nona, Mãe, Bisa e Titia - Acervo Pessoal.

5
IOMERÊ

Minha estadia em Itaiópolis durou três anos e foi um tempo de intenso aprendizado tendo sempre apoio e o carinho de todos. Mas, como tudo acontece na vida, não durou muito. Agora era a hora de quebrar o coração dessa minha tia que já tinha se acostumado com este pequeno filho com apenas 5 anos de idade. Nunca mais esqueci do seu olhar triste quando fui embora para um novo lar, a oito horas de distância de minha mãe. É algo que me marca até hoje!

Fui morar em Iomerê, uma cidadezinha no interior de Santa Catarina que hoje tem uma população em torno de 2500 habitantes, cercada por morros, onde, na minha opinião, é possível ver uma das melhores vistas do pôr do sol. A cidade foi colonizada por italianos que vieram do Rio Grande do Sul no ano de 1912 e hoje os mais velhos ainda praticam a língua italiana. Iomerê era uma cidade muito pacata e naquele tempo havia somente um posto médico, uma igreja, um posto de gasolina e dois bares.

Essa nova mudança se tornou mais uma batalha em nossa vida pois agora era mais difícil para minha mãe vir me visitar.

E assim, desde cedo, eu fui aprendendo a ser uma criança independente, sem me apegar muito a lugar nenhum. No fundo sempre tive medo de me apegar muito as pessoas, pois sabia que a convivência não duraria muito tempo.

Em meu novo lar, eu recomecei a vida com minha avó (ou nona

como sempre chamei), que considero a minha terceira mãe. Nona e Nono moravam em uma chácara que ficava no limite da cidade em frente a um morro que, para mim, parecia enorme. A casa da chácara era de madeira e, entre ela e o morro, havia um riacho aonde passei a maioria da minha infância pescando e brincando.

Meu Nono tinha uma criação de ovelhas. Era engraçado ver como ele pastoreava esses animais, que somente obedeciam aos seus assobios. Quando o nono assobiava, elas vinham correndo do morro e iam para dentro do curral. Anos depois quando faleceu, eu fiquei sabendo que muitas de suas ovelhas morreram quando foram vendidas para outro fazendeiro. Elas simplesmente pararam de comer e ficaram doentes, porque perderam o seu pastor.

O Nono e a Nona ficaram muito felizes por eu vir morar com eles. Esse foi um período inesquecível para mim, repleto de novidades e muito aprendizado de vida, tanto pelas alegrias, como pelas dificuldades. Por exemplo, foi a primeira vez que eu vi os efeitos do álcool no ser humano. Meu Nono saía para o bar local e quando já era noite, ele não aparecia, então saíamos o procurando pelas ruas da cidade. Muitas vezes o achávamos caído em alguma valeta. Minha Nona sofria com essa situação, mas eu, por ser muito novo, não notava o perigo e o que significava. Até achava engraçado ver o nono bêbado e gostava de ir procurá-lo.

Numa noite chuvosa ele voltou para casa e escorregou no barro batendo a cabeça no limpador de bota que ficava na entrada da casa. Depois de sofrer muito na cama e sangrar bastante, foi levado para o hospital onde veio a falecer. Eu tinha apenas 6 anos de idade e essa foi a minha primeira experiência com a morte. Tudo parecia irreal.

Logo comecei a pensar que teria de me mudar de Iomerê para algum outro lugar. Onde seria meu novo lar? Mas, felizmente, isso não aconteceu. Fiquei com a Nona que acabava de perder seu marido e agora teria que recomeçar uma nova etapa. Corajosa, ela enfrentou as dificuldades de frente e não parou por um segundo em sua batalha de vida. Foi assim que eu entendi de onde vinha a imensa força e coragem que presenciei em minha mãe. Foi a batalhadora Nona, que ensinou a coragem a seus filhos, como uma leoa que ensina a sua cria a se defender.

31

6
MEU HERÓI SOU EU

Nona era de uma família humilde e trabalhadora que conquistou seu espaço em Iomerê sofrendo todas as dificuldades que existem num vilarejo pequeno e sem infraestrutura. A sua família tinha seis filhos e muitos deles não tiveram oportunidade de estudar, pois trabalhavam no campo para sobreviver. E foi no campo e no trabalho duro que ela aprendeu a ser essa pessoa batalhadora e determinada.

Com a morte do Nono, a vida tinha que seguir e ela foi trabalhar no colégio agrícola de Iomerê. Eu estudava no Colégio Frei Evaristo e de lá eu subia para o colégio agrícola para almoçar. Eu entrava na cozinha pela porta detrás e ficava esperando. Nona dizia que eu tinha que esperar todos os alunos terminarem o almoço para ver se sobrava comida para eu escolher o que comer. Claro que sempre sobrava e eu nunca passei fome na minha vida. Muitas vezes tinha vontade de tomar um sorvete ou um refrigerante e não podia, mas nunca passei fome.

Durante o inverno, frequentemente muito frio, precisávamos acordar às 5:30 a.m. para subir o morro a pé para ir até o colégio agrícola porque a Nona era a encarregada de fazer o café da manhã. Antes de qualquer coisa, ela tinha que acender o fogão a lenha para começar os preparativos. Enquanto a Nona fazia isso, eu me enrolava em um cobertor e ficava em cima do caixão da lenha perto do fogão para me aquecer. Ainda lembro do cheiro da lenha queimando e da sensação do calor. Depois de um tempo, resolvemos que o melhor seria dormir no colégio agrícola para evitar a caminhada no frio intenso do inverno em Santa Catarina.

No tempo em que eu e a Nona dormimos no Colégio Agrícola, durante a noite ficávamos sentados no caixão a lenha praticamente esperando a hora de ir dormir. Não havia televisores na cozinha, então procurávamos algo para fazer ou ler. Eu fazia meus deveres de escola e depois íamos dormir em um colchão improvisado no chão. Era muito frio, mas a Nona sempre se preocupava em me aquecer e ali eu dormia em paz. Acordava cedo e ia para a escola sozinho onde ficava até o meio dia.

Hoje sei que, com essa tenra idade, eu era um garoto independente e me virava muito bem. Sozinho, eu acabei aprendendo a fazer as coisas sem muita ajuda de ninguém. Se sentia fome, eu cozinhava ou comia um sanduíche, se queria brincar eu ia para o mato sozinho e brincava.

Sempre fui muito apegado a natureza e aos animais. Só sinto vergonha ao lembrar que caçava passarinhos. Hoje não tenho coragem e não gosto de matar ou maltratar qualquer animal, seja qual for, até mesmo um inseto.

Também gostava de jogar futebol com meus amigos e brincar de polícia e ladrão. Sempre tive o sonho de ser policial, algo que eu tornaria anos depois. Aliás, por essas coincidências da vida, descobri, já adulto, que meu pai biológico foi policial.

Minha infância me tornou uma pessoa dura, sem muito carinho para dar, o que me ajudaria em minha carreira militar, mas me atrapalharia nas relações com outras pessoas.

Nesse tempo, minha mãe não podia vir me visitar com frequência. A cidade era distante, e eu demorava um bom tempo para revê-la. Quando ela não estava conosco, os fins de semana eram tristes porque eu e a Nona éramos sozinhos. O início foi difícil, mas depois fui me acostumando. No entanto, quando ela me visitava, eu aproveitava o máximo de tempo em sua companhia, mesmo ficando triste, sabendo que não iria durar muito.

Quando eu passava de bicicleta em frente as casas do bairro, eu via as crianças com seus pais fazendo churrasco, assistindo futebol, interagindo com todos. Isso me fazia sentir muita falta de não ter um pai ou uma família para passar os fins de semana juntos.

Às vezes meu tio Jair, que morava em Pinheiro Preto, vinha nos visitar. Ele trazia carnes temperadas para churrasco que só ele sabia fazer e que hoje ainda tento replicar sem sucesso. Tio Jair era casado com a Helena, tinha um filho chamado Maiko e depois veio a Maira para alegrar a Nona.

Outro tio Fernando também vinha nos feriados com sua esposa Elenise e os dois capetas dos filhos, o Fernando e Uiliam. Era uma festa quando todos vinham e muita tristeza quando voltavam para as suas cidades. Eu sonhava em ir junto, mas não podia largar a Nona sozinha.

Minha mãe, quando podia, me levava a passeios. Aos oito anos, eu vi o mar pela primeira vez. O cheiro, o som e a paisagem me encantaram. O mar continua sendo um lugar que me acalma e me faz muito feliz. Seja qualquer lugar do mundo que eu esteja, o mar sempre me acolheu e me fez sentir em casa. E foi nesse passeio, aos oito anos de idade, que eu aprendi a respeitar o mar.

Minha mãe foi convidada por uma amiga a passar as férias de verão em uma cidade de praia chamada Matinhos. Lá chegando, pedi uma prancha de surf para minha mãe. A única que ela conseguiu comprar foi uma feita de isopor com o formato de prancha profissional.

Um belo dia resolvi enfrentar o mar. Subi na prancha e lá fui eu. Deitei-me em sua superfície e fiquei com o meu ouvido encostado nela, e assim, eu conseguia escutar o mar. Fiquei ali muito tempo ouvindo e memorizando aquele som e não me dei conta que estava sendo puxado pela maré. De repente escutei o apito do salva vidas e levantei a cabeça para ver o que estava acontecendo. Ele gesticulava para eu voltar e decidi descer da prancha. Quando desci, dei conta que estava fundo e comecei a me afogar.

Imediatamente percebi que estava morrendo e não tinha como

sair dessa situação. Parecia que estava num filme mas, por incrível que pareça, a única coisa que pensei naquele momento foi o quanto a minha mãe ia ficar brava ao saber que me afoguei, (imagina que pensamento maluco!).

De repente o salva vidas me pegou e me levou de volta para a praia. Ele perguntou se eu estava bem e mesmo depois que eu confirmei que estava, ele ainda quis me levar no colo até a beira. A praia toda estava me olhando e a vergonha foi maior do que o susto. Minha preocupação era com a minha prancha e se a minha mãe estava vendo o vexame que eu estava causando.

Não lembro de ter agradecido o salva vidas pois a vergonha era maior, mas essa experiência me fez respeitar a grandiosidade do mar e nunca mais enfrentá-lo. Essa experiência salvaria minha vida muitas vezes na minha época de militar.

Iomerê continua sendo, para mim, um lugar maravilhoso e não tenho nada a reclamar e somente a agradecer. Iomerê sempre vai estar comigo e o aprendizado de brincar no mato sozinho me fortaleceu para o mundo em que iria viver como adulto.

E foi ali que tive meu primeiro "trabalho". Nosso vizinho, e primo de minha mãe, tinha uma plantação de tomates ao lado de nossa casa. Na época da colheita ele contratava trabalhadores e lá fui eu, aos nove anos de idade contra a vontade de minha mãe, trabalhar em uma plantação de tomates. Lembro de não conseguir levar o cesto de tomates, mas me achava o melhor entre todos ao colher tomates que estavam baixos, onde o resto do pessoal não os via. Voltava sujo e cansado para casa. Mas isso só durou uma semana. Depois do meu primeiro salário, entreguei o dinheiro para minha mãe e desisti. Trabalhar em uma plantação de tomate aos nove anos de idade, me fez aprender que nada vem de graça, e para tudo na vida precisamos batalhar e de muito esforço para conseguir algo.

Foi assim numa plantação de tomates no vilarejo de Iomerê que eu aprendi a ser forte e batalhador.

Nessa semana tudo mudou e se encaixou e foi assim que decidi a me tornar o melhor que eu podia ser.

Aos nove anos eu descobri que o meu herói era eu mesmo. Sim, eu poderia ser um herói algum dia, era só querer.

Acreditei e conquistei.

7
ESTADOS UNIDOS: TEMPOS DE DESAFIOS

Em 1990, minha mãe iniciou uma nova jornada. Resolveu se mudar para a cidade de Filadélfia nos Estados Unidos seguindo minha tia Kity e sua família. Esse ato de coragem mudou a vida de todos da família. Kity e meu tio Hélio pegaram a única reserva de dinheiro que tinham e se mudaram somente com as roupas que tinham, enfrentando um país novo, uma cultura nova, enfim um mundo novo. Moraram na casa de um amigo até conseguirem se mudar em definitivo e batalharam como todos os imigrantes pioneiros de sua época. Naquela época havia poucos brasileiros no Estados Unidos e para sobreviver tinham que trabalhar no que fosse possível. Meu tio foi para a construção civil e Kity foi trabalhar como faxineira. Eles foram os aventureiros que abriram o nosso caminho e depois de um tempo foi a vez da minha mãe se aventurar. Eu fiquei com a Nona um tempo até que fomos embora para lhe encontrar.

Era o ano de 1992. Saímos de Iomerê de ônibus até a cidade vizinha aonde pegamos outro para Curitiba, onde ficamos na casa de familiares por uma noite e seguimos para o aeroporto.

Imagina uma criança que viveu sempre em uma cidade do interior que só conhecia um fusca e um chevette, entrar em um avião pela primeira vez. Parecia um sonho estar ali dentro daquele monstro que me levaria para outro mundo. Quando decolou eu pensei que ia morrer e nunca tinha rezado tanto em minha vida, pelo menos até esse dia. O avião parecia que ia se despedaçar todo na decolagem e eu e a Nona rezávamos de mãos dadas e suadas.

Quem via essa cena com certeza sabia que era a primeira vez que voávamos. Para ela não era a primeira, mesmo assim rezava comigo. O avião tinha um telão enorme e estávamos sentados bem em frente. Nunca tinha visto uma tela tão grande e me senti o rei do voo bem de frente para a tela. No fim descobri o desconforto de estar ali com aquela luz durante a noite. Fechei os olhos e acordei quando já estávamos aterrissando no aeroporto de Newark em New Jersey. Chegamos na imigração e não sabíamos como e o que falar. Nona, nervosa segurava a minha mão, e eu achando que ela ia, no mínimo, quebrar algum dos meus dedos. Saímos da alfândega e lá estava a minha família nos esperando. Minha mãe com um cabelo esquisito que parecia o Iguita, aquele goleiro da Colômbia, mas que fazia sucesso naquela época, minha tia Kity e Hélio, a madrinha Eliane e meus tios Juca e Ivone. Todos pareciam de outro mundo pois já tinham se acostumado aos Estados Unidos e na realidade quem era de outro mundo agora era eu!

Do aeroporto fomos direto para uma churrascaria em Newark pois essa era a única naquela época e as pessoas de Filadélfia viajavam até lá para experimentar o gostinho brasileiro. Depois da churrascaria fomos para a nossa casa e foi lá que a ficha caiu pela primeira vez que, mais uma vez, eu tinha me mudado, mas agora a mudança era de casa, de vida, de país.

Morávamos com a tia Kity em uma casa de tres dormitórios em um bairro chamado Olney. Nossa rua ficava de frente para o muro da arquibancada de um campo de futebol americano da escola local e ali passávamos os nossos dias.

As casas eram todas de tijolos, com dois andares e coladas umas nas outras. Nosso vizinho da direita era um veterano do Vietnam e o vizinho da esquerda vendia algo que não deveria ou que pelo menos, o governo não permitia (drogas).

Eu e meu primo Kauê vivíamos entre as crianças do bairro e éramos felizes. Nunca notamos o que acontecia nos arredores e éramos recebidos como alguém do bairro. De nossa casa até a escola o trajeto demorava uns 15 minutos andando e a nossa diversão era andar de patins e jogar futebol americano.

Meu primeiro dia na escola foi um terror. Ao chegar, o meu primo me levou para a primeira classe. Na classe de aula eu não entendia nada pois não falava inglês e não conseguia me comunicar. O pior problema surgiu quando terminou a primeira aula e eu descobri que na escola americana os professores ficam na sala de aula e os alunos mudam de sala. Até aí tudo bem, se todos fossem para a mesma aula. Mas todos os alunos tem aulas diferentes e se você não souber a sua próxima classe, fica perdido. A minha solução foi seguir a pessoa que estava ao meu lado para a próxima classe até ser expulso da sala quando a professora notou que eu não fazia parte da chamada.

Daí me colocaram na classe certa, mas eu era sempre o aluno atrasado nos estudos pois não conseguia entender nada. Apenas ficava sentado, olhando para o relógio e esperando o próximo vexame. Foi difícil, mas como tudo na vida, superei mais essa dificuldade.

O verão insuportável de 1992 passou e chegou o inverno mais terrível que eu já tinha passado. O outono chega com os ventos e toda a transformação na vegetação. As árvores passam de verde para amarelo e vermelho tudo se transforma e em seguida, desaparece. Aí vem o frio que corta a alma e parece que nunca acaba. De repente, um dia antes do meu primeiro Natal em terras estranhas, começou a nevar. Apesar do frio, eu queria ficar lá fora vendo a neve cair esperando que acumulasse para poder fazer o que toda criança quer, um boneco de neve.

A neve é um espetáculo simplesmente maravilhoso, mas depois de uns dias se torna uma coisa horrível, suja e dura que se acumula entre as calçadas e os carros estacionados. Andar na neve de manhã, a caminho da escola era um horror, ainda mais para um caipira que não suportava o frio da nova terrinha. Eu me vestia com duas calças, uma camiseta, camisa, duas blusas, jaqueta, cachecol, gorro e tudo demorava uma eternidade para colocar e tirar. Não conseguia me mover direito, mas pelo menos não passava tanto frio.

Em 1992, o furacão Andrew de categoria 5 (a mais alta) acertou a Flórida em cheio e destruiu tudo no caminho. A destruição custou mais de 27 bilhões de dólares e no meio dessa tragédia muitos imigrantes conseguiram emprego. Meu tio, que trabalhava na construção, se reuniu com amigos e foram até a Flórida a procura de trabalho.

Nesse tempo, minha mãe trabalhava como empregada doméstica em uma casa distante e eu ficava com minha tia e primo durante a semana. Nessa época não havia muitos brasileiros na Filadélfia, então todos se conheciam. Lembro que um português teve a brilhante ideia de gravar as novelas brasileiras em várias fitas e alugar para os brasileiros que sentiam falta do programa. Tinha até fila! Alugávamos uma fita e logo depois de assistir voltávamos correndo buscar a próxima. Ele deve ter feito muito dinheiro com o negócio.

Nos fins de semana, durante o inverno, nossa diversão era ir até o Dunkin Doughnuts e pegar uma caixona de doughnuts, o famoso bolinho frito que engorda qualquer um. Meu primo e eu jogávamos vídeo games esperando a delícia que a Kity estava cozinhando.

Às vezes íamos buscar minha mãe no emprego. Nunca esqueço daquela casa que tinha as maiores televisões que já tinha visto, uma piscina enorme e uma sala de jogos com sinuca e fliperamas. Sempre torcia que ninguém estivesse em casa para eu poder entrar e ver aquele palácio que só tinha visto em filmes. Sonhava em poder entrar na piscina, mas morria de medo dos donos me verem por lá.

De fato, eu me sentia em família mais uma vez, mas como sempre não durou muito tempo. Minha tia e primo logo iriam se mudar para a Flórida e seguir meu tio que lá estava com trabalho e começando uma nova vida.

Resolvemos visitar meu tio antes de mudarem e lá chegando, foi um choque para todos. Estávamos acostumados com a Filadélfia e suas ruas escuras e população mal-humorada. Chegamos na Flórida e encontramos todos felizes, morenos do sol, com ruas lindas e palmeiras em todos os lugares… um verdadeiro paraíso.

Queria muito me mudar para a Flórida, mas minha mãe resolveu ficar na Filadélfia. Meu tio veio buscar a mudança e foi difícil, com um aperto no coração, ver minha família partir. Novamente me senti sozinho, mas sabendo que não estava.

Nessa época fui estudar no colegial, mudando de escola, bairro, indo morar novamente em uma casa de amigos, Celso e Celia com seu filho bebê Diego e a irmã de Celia chamada Iracema (Cema), cujo marido também estava na Flórida com meu tio. Nessa nova casa, eu tinha meu quarto com um colchão no chão e um pequeno armário. Minha mãe vinha me visitar nos fins de semana e ficávamos todos juntos, uma nova família que não durou muito. Depois de um tempo, minha mãe conseguiu juntar um dinheiro e alugar um pequeno apartamento. Não tínhamos muita coisa pois esse foi nosso primeiro lar. Recebemos ajuda de amigos, pegávamos moveis descartados atrás das casas que seriam pegos pelo lixeiro. Não tenho vergonha em falar disso, pois era o que tínhamos para sobreviver e foi uma época feliz.

O colegial foi onde tudo começou em minha vida profissional. Ali eu aprendi que teria que lutar ainda mais para chegar em algum lugar.

Foi lá que tive a decepção em saber que não poderia passar desse ensinamento e que transformei essa decepção em força e vontade de provar a mim mesmo, que conseguiria chegar a qualquer lugar que quisesse.

Foi no colegial que o meu instinto de sobrevivência voltou e percebi que me sentia confortável em estar assim, na batalha, aonde sempre me senti em casa.

Eu falo isso porque foram quatro anos; o primeiro é um ajuste a uma fase nova da vida, o segundo você aprende bastante, o terceiro você começa a decidir para que faculdade ou que ramo de atividade tomará e o quarto é o preparo para o caminho que irá seguir…

pelo menos foi assim aos meus olhos. No meu caso, foram tres anos de insegurança e o quarto com a certeza que não teria como estudar numa faculdade.

Na minha época, se você não tivesse recurso, as melhores notas ou jogasse algum esporte muito bem, a faculdade era somente um sonho. Minha escola nunca foi uma das melhores no esporte e nem nas notas, então eu fiquei perdido nos primeiros tres anos entre os alunos apenas contando os dias passarem.

No quarto ano foi diferente e o instinto de sobrevivência foi mais forte e comecei a procurar o que precisaria para sobreviver depois do curso. Nas férias eu consegui um trabalho de assistente de construção como carpinteiro. Não fiquei satisfeito pelo trabalho por usar mais a cabeça e agilidade do que a força bruta, então resolvi trabalhar no cimento fazendo calçadas, paredes e pisos de concreto. Assim que terminei o colegial fui direto para esse ramo.

Foram anos difíceis na minha vida. Eu acordava às cinco da manhã e esperava o chefe vir buscar. Ele chegava com uma van cheia de ferramentas e íamos para o campo de obras. Chegando já começávamos a trabalhar duro quebrando concreto, preparando as formas de cimento e deixando tudo pronto para a inspeção e para a chegada do caminhão de concreto. Só então saíamos correndo para colocar o concreto ainda mole e trabalhar nele antes que endurecesse. O problema do clima da Filadélfia é que no verão isso acontece muito rápido pelas temperaturas altas que podem passar de 40 graus ou muito devagar quando a temperatura está abaixo de zero. Lembro dos verões aonde eu me queimava no sol preparando cimento e passava mal no calor, mas nunca podia parar porque o cimento endurecia antes de ser preparado. No inverno era ainda pior porque chegava a congelar as luvas molhadas e tínhamos que colocar uma manta especial sobre o concreto para aquecê-lo. Certa vez ficamos até de madrugada dormindo em cima do cimento esperando ficar pronto, tudo com temperaturas abaixo de zero que congelava até a alma.

O trabalho na construção pode fazer alguém mais forte, assim como pode quebrar o espírito de alguém e eu vi muito disso. Vi muita gente que parecia um zumbi, trabalhava porque tinha a necessidade, mas seu olhar demonstrava que não estava ali, que estava em outro lugar, derrotado. Cheguei perto de me sentir assim, mas meu sonho não permitia.

Eu acredito muito e sei, porque comigo sempre foi assim, que tudo começa com um sonho. No meu caso eu sonho com algo, visualizo, acredito, concretizo e recebo. Isso pode ser definido como fé ou simplesmente determinação, mas seja lá o que for, sempre funcionou. Acredito muito em Deus e em anjos. Para mim, anjos podem ser como aquele anjinho da guarda que fica no seu ombro direito ou como um anjo em forma de pessoa que te ajuda em uma necessidade. Eu acredito em anjos porque tive muitos em minha vida desde que nasci e continuo tendo. Mais tarde em minha vida eu teria uma relação maior com meu anjo da guarda que me salvou de muitas situações.

Trabalhei três anos no concreto durante sol e chuva, frio e calor, e tive tempos de desespero por não saber por onde e por qual caminho seguir, por não saber do futuro e se algo iria melhorar. Ao mesmo tempo continuei sonhando em algo melhor e procurando o caminho certo.

Certo dia resolvi que queria trabalhar em algo que ficasse protegido do clima extremo da Filadélfia, e optei pelo único trabalho disponível, virei borracheiro.

Nessa borracharia trabalhava o Marcio, o meu melhor amigo da época. A borracharia era propriedade de seu padrasto que se chamava Itacir, um baixinho sorridente que gostava de tocar violão e beber com amigos. Itacir era casado com a Cleuza, mãe de Marcio, e ambos tocavam o negócio. Também trabalhava o Peninha, um cantor nato que era o centro das festas com suas piadas e histórias de vida. Hoje eu reconheço a importância de ter trabalhado nesse lugar e de ter conhecido o Itacir, pois foi ele que emprestou o primeiro livro que eu li, me inspirando a fazer a caminhada de Santiago de Compostela na Espanha, algo que marcou muito minha vida e que vou escrever no ultimo capitulo deste livro.

Na borracharia descobri que não era tudo aquilo que eu achava ser. Tudo bem que eu ficava dentro de uma borracharia protegido da chuva e neve, mas isso não protegia as mãos e braços de queimaduras quando o aro do carro estava quente ou as rachaduras de frio quando os carros chegavam cobertos de neve. A coisa boa da borracharia era o horário das 9am as 5pm. Isso me permitia me divertir um pouco a noite sem me preocupar em acordar as 5 da manhã como antes. Isso também me garantia que poderia ir para casa jantar com minha mãe ao terminar o expediente.

Eu chegava em casa todo suado, fedendo borracharia, todo preto dos pneus e cansado. Deixava minha bota preta, que já tinha sido marrom, na porta do apartamento do lado de fora e ia direto para o banho. Via o olhar de minha mãe e sabia que isso a deixava triste. Nessa época eu realmente não sabia como seria o meu futuro. Mas acredito que tudo na vida acontece por uma razão e tudo é um aprendizado. Foi nessa época de borracheiro que aprendi a voltar a minha visão para dentro de mim e foi realmente quando eu comecei a me reaproximar dos meus eternos e fortes amigos, os meus anjos da guarda.

Eu sempre acreditei em anjos da guarda, desde pequeno e isso começou quando eu tinha uns 7 anos de idade e contei para minha mãe que tinha medo do escuro. Ela simplesmente falou que era simples, era só acreditar que meu anjo da guarda estava ali e falar, "sai de mim em nome de Jesus" para espantar algo ruim que estivesse perto de mim e assim nada poderia me encostar. Foi assim que eu me sentia corajoso para brincar no escuro sem medo de nada... Meu escudo estava sempre me protegendo. Depois de muito tempo, em lugares de batalha quando o aperto foi grande, voltei a usar essa expressão e me sentir invencível, mas essa história, eu conto mais adiante.

Pode parecer loucura, ou talvez seja, mas entre trocas de pneus no calor ou frio, eu falava com eles e realmente acreditava nas respostas que eles, ou eu mesmo na minha loucura, falavam. Não que eu falasse em voz alta, na verdade era uma conversa na minha mente, mas eu me comunicava. Nessa loucura que eu perguntava o que eu deveria fazer e como deveria agir ou perguntava por um sinal... sempre recebi respostas. Nessas "conversas" eu pedi por uma fuga, por um meio de sair disso tudo e ter uma carreira. Foi logo após isso que um amigo de infância chamado Luís me falou de como a Guarda Costeira Americana era a melhor força armada do mundo e que era para poucos, pois o teste escrito é o mais difícil das Forças Armadas e o treino é muito rigoroso. Foi depois dessa conversa que comecei a ter interesse. Esse meu amigo não deve lembrar dessa conversa, mas isso me marcou e eu segurei isso dentro de mim como se fosse um sinal. Um tempo depois eu estaria nesse caminho...

SEGUNDA PARTE
MISSÕES E CONQUISTAS

11 DE SETEMBRO

O 11 de Setembro de 2001 foi um dia que marcou o mundo. Nunca alguém imaginaria que um ataque seria feito em solo americano com aviões direcionados a prédios. Me senti pessoalmente atacado, triste, revoltado. Esse ataque me transformou em um filho que queria vingar a morte da mãe, já que, a meu ver, os Estados Unidos sempre foram uma mãe que me acolheu em tempos difíceis, que me deu uma nova vida. Menos de um mês depois do ataque, eu já estava batendo na porta de um recrutamento militar e claro, escolhi a Guarda Costeira.

No dia 23 de outubro eu comecei o treino mais difícil que já havia feito, mas fácil se comparado com os próximos que faria anos depois.

8
WALLFLOWER
NA GUARDA COSTEIRA AMERICANA

A história da Guarda Costeira remonta à 1790 quando o Congresso dos Estados Unidos autorizou a construção de dez embarcações para proteger o comércio marítimo de roubos e garantir a arrecadação de impostos dos comerciantes locais.

Muitas pessoas acham que o treinamento recruta da Guarda Costeira é fácil, mas na realidade é o mais difícil se for considerada a porcentagem do número de pessoas que desistem que está entre 20 a 30%, enquanto no Exército e na Marinha, esse número fica em torno de 14%.

O treinamento não é o mais rigoroso fisicamente, mas a mistura da parte física e psicológica com pouco sono e uma parte acadêmica extremamente rigorosa, fazem com que a Guarda Costeira tenha esse número de desistência tão grande. Tudo começa como nos filmes, você entra em um ônibus cheio de gente que nunca viu antes, que te leva até a base onde será feito o treino. No caso da Guarda Costeira, fica na cidade de Cape May, a última cidade no sul de Nova Jersey. Cape May é uma cidade pacata situada em uma península banhada pelo mar do lado leste e a baia de Delaware do lado oeste. É uma linda cidade com praias longas de areia grossa. Os verões de Cape May são maravilhosos, mas eu estava chegando no final de outubro, quando o inverno chega com ventos que vem dos dois lados, tornando esse lugar um ponto muito frio nos invernos rigorosos do nordeste americano.

Minha classe da Guarda Costeira - 14 de Novembro 2001 - Acervo Pessoal.

Chegando na base, passamos pela guarita e foi nessa hora que todo mundo começou a ficar tenso. Logo depois da guarita chegamos em frente a um prédio onde estavam uns cinco ou seis instrutores enormes com chapéus que cobriam a testa até as sobrancelhas.

O ônibus parou, abriu a porta e foi ali que tudo começou. O mais feroz entrou gritando e mandando todo mundo sair de dentro do ônibus com seus pertences. No asfalto tinham marcas de pés onde deveríamos ficar em posição de atenção, com as mãos ao lado do corpo, cabeça erguida, calcanhares encostando um ao outro e as pontas dos pés em 45 graus exatos.

Todos começaram a gritar para explicar o que iria acontecer nas próximas oito semanas, mas ninguém prestava atenção. Os primeiros já começavam a querer desistir e um deles, bem lá no fundo, chorava de arrependimento.

Não lembro do horário correto, mas era noite e o tempo já estava um pouco frio. Eles gritaram mais um pouco e mandaram que todos entrassem no prédio onde seria nossa nova casa. Fomos direto para um salão onde preenchemos uns papeis e um a um fomos levados aos gritos para cortar o cabelo. Nada de delicadeza nessa hora, a máquina passava com uma rapidez e eficácia nunca vista, deixando riscos vermelhos feitos pelas laterais das máquinas assassinas de cabelos.

Eu, o mais esperto da turma, ou pelo menos era o que eu achava, tive a brilhante ideia de raspar minha cabeça em casa um dia antes de chegar. Quando chegou a minha vez, eu estava com um tremendo sorriso no rosto achando que não ia ser vítima da máquina assassina. Ledo engano. Fui pego pelo instrutor pitbull e tive que passar pelo mesmo tratamento, sem cabelos, mas fiquei com a mesma marca dos meus novos irmãos. Fiquei "puto" por minha ideia não ter funcionado, mas aprendi uma coisa muito importante: Somos todos iguais nesse lugar e todos vamos passar as mesmas dificuldades ou vitorias juntos.

Depois das máquinas assassinas destruírem a cabeleira de todos, recebemos os uniformes e fomos levados para o dormitório onde teríamos a chance de arrumar as nossas camas de qualquer maneira e dormir. Já era mais de meia noite quando dormi. Nem bem fechei os olhos, que me pareceu cinco minutos de sono, escutei gritos e uma barulheira que parecia derrubar o prédio. Era 5:30 a.m., hora de acordar e eles entraram gritando e comandando todo mundo para ficar de pé em frente as camas. Ali começou a contagem de um a um e depois escutamos as ordens do dia.

Finalmente eu entendi o motivo de tanto grito e tanta humilhação. Tudo isso serve para "quebrar" uma pessoa e erguê-la no modo militar. Serve para tirar o orgulho, a vaidade de todos e torná-los irmãos, com uma só missão de seguir as ordens de comando. O stress de todo esse treino serve para filtrar os que não são adequados para a vida militar. Vi muitos brutalhões chorarem e desistirem. Anos depois, quando eu já estava na equipe de operações especiais, o treinamento mudaria e o foco seria nos trabalhos onde a missão está sempre mudando e o seu maior objetivo acaba sendo de se adaptar e superar qualquer obstáculo.

Ficamos no segundo andar do prédio e logo depois de acordar, as ordens eram para sair correndo, ir para o lado de fora e formar posição para a corrida e para os exercícios. Os primeiros dias foram difíceis, pois todos tinham que terminá-los. Nós ainda tínhamos a mentalidade daquele vencedor que não sabe trabalhar em equipe. Acredito que o ser humano desde pequeno começa a disputar ou competir por algo, seja amor, comida, lazer, trabalho ou o que for, é o instinto humano... Todos competem e não se importam muito em deixar os parceiros e até familiares para trás. Na vida militar esse tipo de pensamento prejudica muito, por isso todos são penalizados pelo erro de uma pessoa. Se todos chegam no final da corrida e deixam alguém para trás, todos pagam. Os mais fortes que achavam importante se destacar por correr mais rápido ou fazer mais flexões, logo começaram a se dar conta que, por conta deles, todo mundo tinha que pagar. Eu mesmo fui um desses fortes que sempre terminava a corrida antes pois eu tinha um físico bom pois nos meus velhos tempos de lazer eu jogava futebol e no trabalho carreguei cimento, troquei pneus, sempre atuando no trabalho pesado. Mas o que me ajudou mesmo foi a humildade de voltar e ajudar quem não tinha terminado, correndo novamente junto com o pessoal que não conseguia, ou fazer flexões ao lado de pessoas que não conseguiam passar de cinco vezes. Esse espirito de cooperação estava em mim desde criança, no meu tempo em Curitiba, em Itaiópolis e claro, de Iomerê. Eu gostava de ajudar todos e tinha pena de quem não conseguia algo, e foi por isso que eu me dei bem com todos e sempre fiquei longe do radar dos instrutores, o que nesse tipo de treino é o mais importante.

Depois da corrida e dos exercícios, nossa tarefa era conseguir tomar banho em apenas 30 segundos cada um, para que todos conseguissem tomar banho porque havia um tempo máximo para a água ser fechada. Fazíamos filas no banheiro esperando um terminar para o outro entrar, sem frescuras, todos pelados e com vergonha, mas tudo fazendo parte do aprendizado. Nada, no treinamento da Guarda Costeira, é feito em vão. Por que banhos de 30 segundos? Você imagina estar em um navio onde a água é limitada no meio do mar sem sinal de terra para as próximas quatro semanas e todos resolvem tomar um banho normal? Imagine se todos quisessem privacidade e tempo, eles ficariam prontos? O tempo na carreira militar pode ser fatal e em tempo de guerra você não pode perder esse tempo arrumando cabelo, tomando banhos prolongados sem pensar no último da fila... Imagina se o último da fila não puder tomar banho e sempre for o último da fila, em pouco tempo ele fica doente e quem terá que carrega-lo serão os outros companheiros. Então, todos têm os seus 30 segundos de banho e todos tem o mesmo direito, somos um só.

Depois do banho era uma correria para ficarmos prontos e vestirmos o uniforme conforme as regras. Isso era muito difícil, porque aprendíamos elas na hora. Com isso, a questão relativa ao uniforme era aquela que nos fazia pagar flexões. Nem sempre por seu uniforme estar errado, mas por alguém estar com o dele errado. A pergunta do instrutor era, "Por que vocês que são irmãos dele não o vestiram correto? Por que não o ajudaram a ser um vencedor como vocês?" Isso funciona de duas maneiras: faz com que todos paguem pelo erro do outro e sintam-se no dever de ajudar da próxima vez, ao mesmo tempo em que deixa a pessoa que fez errado envergonhada por ter causado desconforto nos outros exatamente por ter errado. Isso fortalece o fraco e iguala os fortes para tornar todos em uma força maior e melhor.

O que adianta um grupo de 100 pessoas onde 20 delas são extremamente fracas e 80 fortes? Os 80 teriam que carregar os 20 e a missão seria um fracasso. Se os 80 ajudarem os outros 20 a melhorarem desde o começo, o grupo estará agindo a 90% de sua potência, mas será constante e eficaz!

No Grupo de Operações Especiais isso é diferente, pois os 20 seriam eliminados logo no começo e somente uma porcentagem pequena dos restantes fariam parte do grupo, realmente só os melhores dos melhores.

Depois de pagar pelos erros do uniforme, tínhamos que marchar para a cafeteria. Por sermos os mais novos, éramos os últimos a tomar café e ficávamos esperando do lado de fora enquanto os grupos mais velhos comiam. O único jeito para sabermos quem fazia parte do grupo mais antigo era observarmos quem tinha mais cabelo, e claro, por marcharem sem erros. Ficávamos todos lá fora olhando para o lado de dentro onde eles comiam o mais rápido possível. Até mesmo na hora de comer faziam tudo junto. Todos esperavam calados e olhando para frente até o último terminar, para depois levantarem juntos com a bandeja na mão. Para nós parecia tudo fácil até a nossa primeira vez.

La fomos nós, famintos, achando que era só sentar e fazer igual. O problema foi que nem todos tinham a disciplina ou esperteza para esperar todos terminarem. Uns levantaram enquanto outros ainda comiam e lá no fundo da cafeteria, sentado em uma mesa redonda, estava nosso instrutor com um sorriso de "te peguei". Ele comia um pedaço de pão, suando com uma cara de assassino e levemente sorrindo com o prazer em ver o erro. Nossa sorte foi que, por costume, dentro do refeitório e sem o chapéu na cabeça, eles não podem gritar ou agir, mas logo pagaríamos um preço por isso.

Quando acordamos naquela manhã, uma das instruções foi tomar um litro de água antes do café da manhã. Como carregávamos um cantil em nosso cinturão com exatamente um litro, eles deveriam estar vazios antes de chegarmos ao café da manhã. O problema aconteceu porque nenhum de nós lembrou desse pequeno detalhe informado durante todos os gritos às 5:30 a.m..

Quando estávamos esperando do lado de fora, lá de dentro daquela mesa redonda onde somente sentam os instrutores, ele se levantou, estufou o peito e veio. Cada passo dado assistido somente com os olhos de todos que o esperavam, foi de terror. Ele veio até a nossa frente e mandou todos irem para um lugar atrás do prédio onde outros não nos pudessem ver. La fomos nós, todos marchando e pensando no que iria acontecer. Chegamos e esperamos obedecendo a ordem de ficar de costas para o prédio.

Os segundos pareciam horas e depois do que parecia ter passado duas horas de espera, escutamos um barulho como um trem a caminho. Com um chute ou algo que pareceu ser um chute, ele abriu uma porta de ferro com um só golpe. Aquela porta pareceu explodir contra a parede e todo mundo se moveu em desespero. Ele andou e passou ao nosso redor e só nesse momento o vimos de frente. Estava tão furioso que parecia sair fumaça de sua cabeça, vermelho e suando. Ele começou bem calmo e falou a todos, "tirem seu cantil do cinturão". Já aterrorizados, ele falou, "tirem as tampas" e a última frase foi, "tomem o que tem dentro e não derrubem uma gota". Foi nessa hora que todos se deram conta que não seguiram a ordem dada pela manhã e, portanto, não deveríamos ter aproveitado o suco de laranja, de uva, chá, café ou a própria água que foi oferecida no café da manhã.

Aterrorizado, eu abri o meu cantil e estava completamente cheio.

Como que eu ia tomar aquilo tudo sem derrubar uma gota depois de ter comido duas panquecas, duas fatias de pão com pasta de amendoim, um ovo, uma maça que quase me afoguei para comer, dois copos de suco de uva (aquele estilo Tang mesmo) e um de água? Me ferrei e depois da metade, eu vomitei tudo. Pelo menos, tive a rapidez de não vomitar dentro do meu cantil ou nas costas do meu irmão que estava na frente como alguns fizeram.

Nesse mesmo dia, depois da primeira aula e de mais exercícios para não perder o costume, chegou a hora do almoço. Dessa vez já tínhamos tomado nosso litro de água ou pelo menos eu achava isso porém sempre tem um. Chegamos na frente do refeitório e esperamos a nossa vez. Lá dentro conseguíamos assistir o mesmo terror de todos ao comerem rápido, levantarem-se juntos e saírem sem ser percebidos por um dos instrutores da mesa redonda. Mas para nosso terror, antes de entrarmos, o nosso instrutor veio e pediu para que todos tirassem o cantil do cinturão e as tampas, e virássemos. Claro que, mais uma vez, escutamos aquele barulho infernal de água caindo. Um do nosso grupo não tomou toda a água e todos teriam que pagar. O instrutor só respirou bem fundo e em voz baixa falou, "depois conversamos".

Pronto, isso estragou o almoço de todos, porque sabíamos o que ia acontecer e para evitar vomitar tudo, comemos menos. O almoço foi em extremo silencio e de lá fomos direto para o lugar do castigo. Dessa vez o castigo foi outro, a vergonha.

O instrutor chegou calmo e nos deu um sermão que eu preferia ter vomitado como na parte da manhã. Falou sobre a vergonha que o fizemos passar na frente do refeitório e de todos do batalhão. Que não deveríamos estar ali, que não seriamos merecedores em usar o mesmo uniforme dos que morreram para salvar vidas. Contou histórias de heroísmo, que na Guarda Costeira não faltam, de pessoas que perderam suas vidas para salvar outras, de pessoas que honraram a bandeira e lutaram lado a lado com irmãos e morreram. Nesse sermão eu senti tristeza, ao invés de medo, e vergonha por ter falhado. O instrutor falou, "sua missão da manhã era tomar agua, para seu bem e não o meu, para que todos cheguem em casa bem, e vocês falharam, mas não falharam juntos por ignorância como da primeira vez, vocês falharam com o seu irmão em não o lembrarem de tomar agua, vocês falharam com ele e o deixariam morrer se estivéssemos em um calor extremo. Vocês teriam a coragem de encontrar a mãe desse irmão e contar por que ele morreu?"

Depois do sermão, ele olhou para baixo e falou, "o castigo é seu, façam o que quiserem de castigo, vocês não sabem seguir ordens mesmo, quando terminarem formem em frente e vão para sua classe." Ficamos ali em silencio, sem saber o que fazer. Será que era uma pegadinha? Como assim, façam o que acharem melhor? O que devemos fazer? Foi ali que me abaixei e comecei a fazer flexões, os outros seguiram e terminamos juntos. Saímos dali em silencio rumo a classe de aula.

A rotina diária era, entre cada aula, fazer mais exercícios e mais aulas ou treinos de prática. Depois vinha o jantar às 6:30 p.m. mais aulas, mais treino e voltávamos para o dormitório. Ali enquanto uns preparavam os uniformes do dia seguinte, outros tomavam o banho de 30 segundos. A noite acabava às 10:00 p.m. e não sobrava ninguém acordado.

Todos os dias durante a manhã tínhamos algum tipo de aula sobre as leis militares, marítimas, conduta etc. A Guarda Costeira Americana tem o treino mais rigoroso das Forças Armadas e não por ser o mais difícil fisicamente, mas por ter uma combinação de tudo em tão pouco tempo. A parte académica é muito rigorosa e por isso mesmo o teste para entrar é o mais difícil, e a nota tem que ser bem mais alta para ser aceito.

Entre os treinos e os gritos íamos para uma das classes de aula, suando e cansados as vezes, como naquele tal dia, "vomitados", para tentar aprender algo para passar nos rigorosos testes que eram realizados a cada semana. Quem não passava, podia fazer as malas. Essa foi a parte mais difícil no meu caso porque eu vinha de um trabalho pesado e não direto de uma escola como a maioria tinha vindo. Eu já era mais velho e fazia muito tempo que não lia um livro ou estudava. A parte física era fácil mas a parte académica me preocupava muito. O stress era enorme no dia a dia, e as aulas, inclusive a noite, eram extremamente difíceis.

Com o passar do tempo, os treinos e exercícios foram ficando mais rigorosos e todos foram perdendo peso. A comida não engordava já que queimávamos a gordura durante o dia.

Tudo começou a virar uma rotina e a cada dia nos sentíamos mais unidos, em sintonia. Na primeira semana perdemos alguns alunos e toda semana alguém saía do grupo. Alguns por motivo médico e outros, por desistirem mesmo. Teve um caso de tentativa de suicídio e até alguns fugiram da base e foram presos andando por Cape May. Lembro de um recruta que era fisicamente o mais forte da turma. Parecia a Capitão América, cabelos e olhos claros do tamanho de um armário, ele nunca teve qualquer problema com os exercícios, mas o seu lado psicológico não o ajudou. Um dia, depois de muito stress e gritos de nossos instrutores no dormitório, ele simplesmente desmaiou. Escutei o barulho de seu corpo caindo e a cabeça batendo fortemente no chão.

Todos ficaram olhando sem saber o que fazer. Imediatamente corri até ele para segurar o pescoço e a cabeça deixando-os imóveis caso tivesse algum dano. Éramos todos instruídos a gritar -atenção- em caso de emergência e isso alertou o nosso instrutor que veio logo em seguida. Quando ele chegou, eu notei a sua calma em olhar e falar para o outro recruta levantar as pernas dele. A calma e o comando nessa hora me surpreenderam, quando ele simplesmente, em voz baixa, falou para todos voltarem aos seus lugares, se ajoelhou levemente do lado dele e tirou o batimento cardíaco. Instruiu um dos recrutas a ligar para a enfermaria elevando o seu corpo. Olhou para todos nós que estávamos assustados, inclusive eu e o meu parceiro que ficamos segurando a cabeça e as pernas, e falou, "o que adianta um corpo assim se a mente não aguenta, por isso que fazemos esse treinamento, para filtrar os que não servem para esse trabalho. A mente funciona assim e tem pessoas que quando entram em crise, ela simplesmente desliga. Isso não é culpa dele e não tem como treinar alguém a não ser assim, e mesmo que tivesse como, não temos tempo para isso."

Esse dia marcou muito o meu treino, pois eu não conhecia esse lado do corpo humano. Eu simplesmente achava o que a maioria acha, que sobrevive o mais forte.

O que me marcou muito também foi o que aconteceu minutos depois desse evento, em nosso lugar "favorito", o pedacinho de grama atrás do prédio, aonde pagávamos pelos erros. Nesse lugar, e nesse dia, o espírito guerreiro se revelou dentro de mim e foi onde eu senti que estava no lugar certo, foi onde eu senti que um dia seria um herói e daria minha vida se fosse necessário para salvar alguém. Foi aqui, durante um sermão rigoroso de flexões, abdominais e vários outros exercícios que não gosto nem de lembrar, que um de nossos instrutores nos contou sobre o instrutor chefe da nossa turma.

Ele contou que o nosso instrutor chefe era um mergulhador de resgate e pulava de helicópteros para salvar vidas, um dos heróis mais condecorados daquele tempo. Ele era conhecido entre os mergulhadores e estava na posição de instrutor por ter se machucado durante um salvamento em uma das águas mais perigosas do mundo, o mar do Alaska. Ele pulou do helicóptero durante um temporal e acabou caindo na parte de trás da onda, fato que pode fazer uma diferença entre pular no topo de uma onda de 20 metros ou na parte de trás, ainda mais que você ainda tem que considerar a distância entre o helicóptero e a onda. A queda o deixou com problemas nos joelhos e o colocou fora de ação durante o restante da carreira. As medalhas que ele tinha no uniforme eram tantas que quase não tinham mais espaço para serem colocadas e isso nos trazia muito orgulho. Ouvir a sua história entre o suor, as dores e a fraqueza de um corpo que não aguentava mais, fez surgir uma energia inexplicável em todos nós. Começamos a empurrar mais forte, com gritos de *let's go, push* e uns começaram a ajudar uns aos outros. Durante essas palavras, todos nós passamos dos 100% e começamos a dar mais do que isso, porque sabíamos que pessoas iriam precisar de nós algum dia e 100% simplesmente não seria suficiente quando a questão é vida ou morte.

Tem um ditado na Guarda Costeira que fala o seguinte, "We have to go out but we don't have to come back" ou seja, somos obrigados a sair para o resgate, mas não somos obrigados a voltar. E isso aconteceu com muitos que saíram para salvar alguém e não voltaram. Passamos a nos sentir parte do time, parte da família da Guarda Costeira, e um dia seríamos futuros parceiros do instrutor chefe e homens como ele, salvando vidas.

Durante tudo isso, os fortes se revelaram e começaram a atuar como lideres, onde os fracos começaram a pensar como os fortes e os *wallflowers*, ou flores de parede como são chamados, sentiram que poderiam se revelar e atuar junto com os fortes se adaptando a qualquer obstáculo. Eu era um desses *wallflower* que ficava atrás do grupo só observando, seguindo as ordens e sempre fora do radar. Quando necessário eu entrava em ação, mas meu foco era não me destacar e nunca chamar muito a atenção dos instrutores. Eu fazia tudo sem reclamar e não falava muito, acho que por eu ter sido filho único e nunca confiar muito nas pessoas, isso me tornou uma pessoa assim. Anos depois eu mudaria muito, mas vamos deixar o melhor para o fim...

Meu treinamento se iniciou em outubro, logo após um dos ataques mais sangrentos em solo americano, 11 de setembro. Dentro da base não havia televisão e não ficávamos sabendo o que estava acontecendo no mundo. Todos ficavam ansiosos em saber, mas não tínhamos comunicação com o mundo externo.

Ainda estava em treinamento durante um dos maiores feriados dos Estados Unidos, o Dia de Ação de Graças. Todo o ano as famílias de Cape May acolhem um recruta militar para o jantar de Ação de Graças. Essa tradição é comovente e só de escrever me emociono em pensar no patriotismo do povo americano que sempre apoia os militares. Especialmente a Guarda Costeira em uma cidade de praia com pesqueiros que a qualquer hora podem precisar de ajuda em alto mar. A tradição da Guarda Costeira nessas águas e as histórias de heroísmo são bem conhecidas e na cidade todos se sentiam orgulhosos em poder fazer parte disso sabendo que é o único centro de treino para recrutas, e que heróis passaram por ali e no futuro também passarão. Esse costume das famílias de Cape May de convidarem os recrutas para jantar em suas casas leva a formar filas na base buscando os nossos recrutas. Eu tive a sorte de ser um deles e uma família local me levou junto com mais dois para jantarmos. Não tive como agradecer essa família já que não podíamos ficar em contato e nem pude os procurar depois. Eles foram um alívio daquilo tudo! Não sei se eles têm ideia de como isso foi importante durante esse período difícil. A família chegou com uma van na base e eu e mais dois entramos no carro e fomos rumo à casa.

Chegando lá, a nossa primeira pergunta foi se podíamos fazer uma ligação telefônica e assim tivemos o nosso primeiro contato com nossas famílias desde o inicio do treinamento. Acabei me sentindo envergonhado e usei o telefone só para falar que estava bem e logo desliguei. O jantar foi o tradicional com peru assado e purê de batata e mais outras guloseimas que não lembro, mas que foi bom, foi. Comi tudo que tinha direito e mais um pouco, mas sempre lembrando em não exagerar caso tivesse que voltar ao gramado infernal marcado pelos vômitos de muitos e ter de deixar o peru lá. Depois do jantar perguntamos à família se poderíamos dar uma volta no quarteirão e lá fomos os três caminhando como se estivéssemos em Marte vendo os carros passarem e nos sentindo orgulhosos de estarmos de uniforme azul, nos achando o máximo. Engraçado que a população estava tão acostumada com isso que nem nos notavam. Parecíamos robôs com o uniforme impecável e sem nenhum amassado, sapatos que brilhavam no escuro e fivelas do cinto polidas até virar quase um espelho. Os três magricelas se achando, dando uma volta no quarteirão com as costas retas e peito pra fora... uma comedia se eu visse isso hoje. Depois eles nos levaram de volta para a base e tudo voltou ao normal.

O tempo começou a passar mais rápido, sentíamos vontade em aprender, em pagar flexões, em marchar juntos. Estávamos unidos e nada que os instrutores fizessem poderia ser pior do que sofremos nas primeiras semanas quando ainda estávamos perdidos e sem rumo. Nessas últimas semanas sabíamos o que seria nosso futuro e o que teríamos de fazer. Nosso futuro era ser um herói e sair do treino com o diploma em mãos, uniforme novo e uma base para chamar de lar.

Na última semana os instrutores se aproximaram mais de todos nós e começaram a contar piadas, aliviando toda aquela tensão e nos trazendo aos poucos para dentro da família. Essa fase é muito importante porque você não pode quebrar o espírito de alguém sem reconstruir algo mais forte. Você não pode tirar costumes ruins, sem deixar de colocar costumes melhores. Nessa parte do treino fomos preparados para a vida normal na Guarda Costeira, para não sairmos dali como robôs. Foi a parte de humanizar o recruta e trazê-lo de volta para o mundo real.

Essa foi a semana que aprendemos tudo sobre navegação e os barcos usados. Também foi a semana de preparo para o teste final.

O teste final é extremamente difícil e quem não passa tem que ficar com a outra classe para terminar o treino. Nós tínhamos duas pessoas da classe anterior que haviam sido reprovadas e ficaram uma semana a mais. Se reprovassem pela segunda vez seriam mandadas embora. Antes do teste final, há um teste preparatório para todos e quem não passar precisa ficar no fim de semana nos dormitórios enquanto o resto do grupo tira o dia de folga fora da base.

Nesse último sábado do treino, os recrutas puderam sair da base por umas horas e isso serviu como incentivo para passar o teste preparatório. Eu não passei e fui um dos cinco que ficaram na base sem poder sair, estudando e se preparando para o teste final. Tive a oportunidade de fazer uma ligação para casa para avisar que não poderia sair da base para encontrá-los. Menti para minha mãe que tinha acontecido imprevistos e ninguém saiu. Quando ela ler essa parte, vai descobrir, mas menti de vergonha por não ter passado nesse teste. Falhar pra mim não era uma opção nesse tempo de minha vida, mas hoje eu sei que toda vez que falhei em algo, eu aprendi e melhorei sempre. Falhar faz parte da vida e precisamos sempre falhar em algo para ir em frente e não nos sentirmos acomodados, para evoluir sem ficar parado no tempo, o importante é continuar tentando até conseguir. Me senti envergonhado perante os instrutores e o nosso grupo. Todos voltaram rindo e falando sobre o dia fora da base e o que fizeram, e eu me sentei em um canto do dormitório polindo minha bota até poder deitar e dormir.

O dia do teste final chegou e eu quase tremia de medo. O pessoal mais novo que tinha acabado de sair da escola achou o teste fácil, ou pelo menos falaram isso para se mostrarem mais espertos, mas para os mais "velhos" como eu parecia ser mais difícil. Então acionei meu anjo da guarda e pedi ajuda... se ele ajudou não sei, mas até hoje não sei como, passei em tudo! Felizmente, quase todos passaram, apenas um de nós foi automaticamente removido e transferido para a classe posterior a nossa.

Os dias que se seguiram foram de preparação para a graduação quando os parentes vêm receber os recrutas e levá-los para casa. Os treinos eram de marcha sincronizada e as normas de cerimônia.

Nesses últimos dias informam para qual base o recruta será enviado depois do treino e eu tive a sorte de receber ordens para ir para a base de Atlantic City em Nova Jersey que fica aproximadamente 45 minutos de Cape May, quase uma hora de Filadélfia, onde eu morava. Isso significava que não precisaria me mudar para um novo lugar, mas também queria dizer que os invernos seriam ainda mais horríveis do que na Filadélfia.

O dia tão esperado chegou com chuva e o evento foi transferido para o ginásio. Marchamos e alinhamos conforme o treino, com nossos instrutores nos representando na frente do grupo. Ficamos de frente para o comandante da base e escutamos o sermão da cerimônia. No fim da sua fala e da cerimonia, eles chamaram um por um para entregarem o diploma. Quando chamaram meu nome,

Recebendo meu diploma entregue pelo instrutor chefe
do nosso grupo - Acervo Pessoal

eu logo saí marchando como um robô do jeito que fui ensinado, mas para meu horror eu vi o Peninha, aquele amigo da Filadélfia descendo a arquibancada para me encontrar.

Ele chegou do meu lado e levantou a mão para me cumprimentar, e como eu não podia quebrar a rotina e a marcha, eu virei a minha mão para trás abaixo da cintura longe dos olhares dos instrutores, tudo sem olhar pra ele. Vendo isso, ele levantou a mão e deu um tapa na minha que fez eco no ginásio todo. Uma gota de suor ou lagrima, porque meu foco mudou completamente, desceu no meu rosto e foi terminar na gola da minha camisa e logo depois disso quando peguei meu diploma, eu vi um dos instrutores quebrar o protocolo e sair da formação, dando a volta toda ao redor do ginásio para me encontrar de frente. Imagine um touro furioso dando uma volta na arena para te pegar de frente e você nem poder desviar ou correr, tipo ele está vindo para te pegar e você está marchando direto para ele.

Suando frio e com os joelhos moles, eu continuei e no canto do meu olho esquerdo eu via a sombra aterrorizadora do "touro" vindo. Cada passo dele, eu dava tres do meu, ele pisava com uma força que parecia quebrar os tacos de madeira do ginásio, o tempo todo sem perder a postura, mas vermelho de raiva e bufando. Essa caminhada parecia uma eternidade e eu o imaginava pegando meu diploma e rasgando. Quando dei de frente, ele falou baixo para não atrapalhar a cerimônia, mas, em meus ouvidos parecia o grito mais alto que já escutei.

Ele falou com tanta fúria que cuspia suor que deslizava do rosto sobre seus lábios. Eu achei que ele ia me matar, me quebrar ao meio. Os botões do uniforme dele pareciam que iam explodir e ele parecia duas vezes o seu tamanho. Não lembro o que ele falou, mas as últimas palavras foram, "se eu te pegar lá fora, você não sai daqui, te reprovo e você fica mais uma semana comigo um a um terminando o treino".

Depois da graduação, jogamos nossos chapéus para cima como nos filmes e fomos a caminho do encontro das famílias. Essa é a hora que recebemos as famílias e nos despedimos dos irmãos. Eu, por não gostar de despedidas ou por até ter trauma de dizer adeus tantas vezes, acabei saindo de fininho e despedindo de alguns que estavam no caminho, mas não fiz questão de despedir de todos. Hoje me arrependo disso, de não ter ficado em contato com o pessoal.

A primeira coisa que fiz quando saí da base foi pedir para minha mãe me levar para o McDonalds. La fui eu, de uniforme e tudo, esperar na fila com todos hábitos da base, isto é quando a fila estava parada eu ficava com as mãos para trás olhando para frente e quando andava eu mudava para atenção e pisava primeiro com o pé esquerdo até parar. No pedido, respondendo com sim senhora, sim senhor. O pedido foi o maior hambúrguer que eles têm aqui: um hambúrguer duplo com aproximadamente 250 gramas de carne e tudo que eles conseguem colocar junto, batata frita grande e um balde de coca cola.

A primeira mordida me dá até água na boca agora escrevendo, e não sou de comer nesse lugar, mas só de lembrar da mordida, de olhos fechados, naquele hambúrguer com queijo pela primeira vez depois de tanto tempo… Como disse Al Pacino no filme "Scent of a Woman": *passport to heaven* (passaporte para o céu).

A volta para Filadélfia foi estranha. Tudo era diferente, os cheiros, as ruas, as pessoas. Tudo que eu via antes sem prestar atenção, agora se transformara em algo novo. Acho que, por conta de estar confinado em um lugar por esse tempo e viver tantas emoções diferentes, me fez apreciar mais as coisas aos arredores.

Logo depois de chegar em casa eu tinha que me apresentar para a nova base em Atlantic City e isso foi antes do Natal, o que significava que eu ia trabalhar nos feriados de Natal e Ano Novo ou pelo menos num deles.

9
A VIDA NA BASE DE ATLANTIC CITY

Atlantic City, no estado de Nova Jersey, é a única cidade no leste do país que permite cassinos. A cidade funciona 24 horas por dia e é um ponto turístico para as pessoas vindas de cidades grandes como Filadélfia e Nova York. A cidade em si não é tão bonita, mas os casinos estão sempre renovando ou reconstruindo para atrair mais jogadores.

A base da Guarda Costeira fica bem na entrada do Canal, no outro lado da rua de um dos cassinos chamado Harras e ao lado da base da polícia estadual marítima. A base estava sempre fechada com portões eletrônicos e depois dos ataques de 11 de setembro, foram implementados vários outros recursos para proteger o local. Na entrada o visitante acessa um teclado com uma câmera apontada para o veículo e consegue entrar em contato com o oficial encarregado da segurança. Somente depois de verificar tudo, ele abre o portão para a entrada.

Na base havia cinco barcos cuja função era fazer resgates em alto mar. Três serviam para resgates rápidos e perto da costa sendo dois infláveis e um de espuma de 21 pés. Outro barco tinha 41 pés e podia fazer resgates até um tamanho específico de ondas e tinha outro barco que era o famoso MLB (Motor Life Boat) de 47 pés que era praticamente invencível nas ondas, podendo rolar em uma onda e voltar a mesma posição sem afundar.

Nessa base havia em torno de 30 pessoas e funcionava no sentido

MBL de 47 pés. Foto: Mike Michael L. Baird [CC BY 2.0]

Foto da graduação - Acervo Pessoal

port and starboard ou seja, dois turnos que faziam o expediente. Funcionava assim: se temos dois times, um deles trabalhava segunda, terça, sexta, sábado e domingo em uma semana e na outra folgava segunda e terça e somente trabalhava quarta e quinta. Isso quer dizer que numa semana, eu trabalhava segunda, terça e o fim de semana, mas na próxima só trabalhava quarta e quinta. Isso era uma maravilha e pra mim foi muito bem-vindo, depois de passar tanto tempo trabalhando no pesado.

Meu primeiro dia foi tranquilo e achei tudo maravilhoso. Para fazer os trabalhos, era necessário primeiro se qualificar. O primeiro trabalho para qualificação é o *Watch Stander* ou fazer a ronda da base, que significa atender os telefonemas e ficar de olho em tudo que acontece. Para se qualificar nesse trabalho leva-se tempo porque a pessoa precisa aprender tudo sobre a área para poder atender e entender quando alguém liga pedindo socorro. Por exemplo, saber como agir se alguém ligar ou chamar no radio as três horas da madrugada, para avisar que existe um barco afundando e ele só consegue ver as luzes de um cassino na costa. Nesse caso, deveria perguntar qual é o nome do cassino avistado ao fundo e com isso saber o ângulo que o barco está localizado no mapa e mandar os barcos para resgate. É um trabalho que requer muita precisão e rapidez porque pessoas podem morrer. Por isso a Guarda Costeira é rígida nos requerimentos para que uma pessoa que acabou de sair do treinamento básico saiba achar esse barco no mapa e passar a informação correta para quem está em campo. Tudo isso exige muita responsabilidade. Ao final, a pessoa ainda tem que preparar o relatório de todos os acontecimentos e depor na corte explicando como tudo que aconteceu, sem falhas.

Na prova de *Watch Stander* é necessário decorar todos os cassinos de norte a sul e vice-versa e saber tudo sobre como agir em determinadas ocasiões e como operar todos os equipamentos. Isso tudo é checado em um teste oral com pessoas que já estão trabalhando no comando há tempos e fazem perguntas sem parar para ver sua reação, tudo com muito stress para ver se ela se qualifica para fazer esse trabalho.

Durante esse treinamento, a pessoa ainda faz vários trabalhos durante o dia, como trabalhar na cozinha por duas semanas, pintar paredes, fazer manutenção dos barcos e prédios etc. Isso foi muito fácil para mim porque enquanto nevava lá fora nos meses de dezembro e janeiro, eu estava dentro do prédio, no quentinho, cortando batatas e cebolas ou pintando alguma parede na parte interna do edifício. Eu achava isso uma maravilha e estava sempre sorridente, porem o pessoal não entendia a minha alegria e meu bom humor. Os novos achavam um horror ter que trabalhar pintando ou limpando privada, e eu limpava uma privada com escovas de dentes, cantando e adorando todo minuto ali dentro e distante dos elementos externos como o frio e calor. Acho que nunca alguém limpou tão bem um banheiro como eu!

Sem vergonha, sem medo e sem tempo para perder, eu pegava qualquer trabalho sorrindo e deveriam me achar louco. Mas não era só os trabalhos no conforto que eu pegava, quando alguém perguntava por voluntários para limpar algum barco, ou polir o sino da base ou algo assim, eu sempre era o primeiro a levantar a mão. Isso fez com que muita gente achasse que eu estava querendo agradar o comando, mas na realidade eu não estava, eu fazia tudo por puro prazer.

Aprendi muito cedo o custo do dia a dia, e o quanto precisamos batalhar para ter algo. O quanto duro é ter um filho sozinha como minha mãe fez, ou mudar de país como fizeram a Kity, Eliane, Juca, Fernando. O que eu estava fazendo na base era simplesmente agradecendo a oportunidade.

Eu nunca tive, até aquela época, um trabalho "normal". Eu sempre batalhei muito e sem esperança de melhorar, então essa chance de ter uma carreira e ao mesmo tempo poder ajudar o país que me acolheu, para mim era um bônus. Na realidade, eu faria tudo isso de graça e feliz, ou por um prato de comida para sobreviver.

O meu salário era um prêmio por ter a oportunidade de ser um membro de um serviço militar tão honrado e glorificado, e nada disso por conta de mídia ou algo assim, mas simplesmente pelo trabalho feito, pelas vidas salvas, pela honra em usar o uniforme e dar sua vida para salvar pessoas estranhas em lugares estranhos.

Eu amava tudo aquilo e agora, aqui escrevendo, eu vejo que ainda amo, que voltaria sem pensar duas vezes se soubesse que iria salvar mais uma vida, até se corresse o risco de perder a minha... *"We have to go out but we don't have to come back".*

Aos poucos, eles notaram que este "louco" realmente gostava do que fazia. Eu ajudava todos em seus trabalhos se eu terminasse o meu antes. Realmente foi aqui que aprendi o poder da gratidão.

Esse é o poder mais simples que temos, porque o temos implantado em nossos cérebros e eu não entendo por que não o sentimos com mais frequência. Por exemplo, quando algo maravilhoso acontece, uma coisa inesperada, mas muito bem vinda, qual é a nossa primeira reação? Obrigado Senhor... Obrigado Pai.... Obrigado eu... Obrigado você... Obrigado universo... Seja quem for ou o que você acredita, você agradece. Por que fazer isso somente quando algo bom acontece?

Eu não! Eu aprendi logo cedo a agradecer até por coisas ruins e eu nem sabia o que estava fazendo, sabe por quê? Porque poderia ser pior, ou porque a coisa ruim talvez fosse uma coisa boa perto do que poderia ter acontecido. Então por que não agradecer?

Pois é, entre os vasos sanitários nojentos e a pintura interna durante o inverno, eu agradecia a Deus e aos meus anjos por poder estar ali no calor do aquecedor interno, vestindo manga curta enquanto eu via a neve cair lá fora com temperaturas abaixo de zero, sabendo que havia várias pessoas lá fora trabalhando na construção, na borracharia, seja no que for, no frio intenso, para conseguir ganhar o pão de cada dia. Esse modo de pensar não era somente quando eu estava dentro do bem bom e quentinho da base, isso também sentia quando eu ia lá fora tirar a neve dos barcos. Eu agradecia por ter uma roupa térmica tão boa que eu chegava a suar. Agradecia ter almoço e o jantar pronto enquanto eu sei que existem muitas pessoas, milhões de pessoas, que passam fome. Por isso, eu agradeço tudo, mesmo o que eu achar ser negativo.

Nesse exato momento eu me dou conta que estou agradecendo a escritora Nereide Santa Rosa, por ter me inspirado em escrever, em contar minha história, em inspirar outros a seguir seus sonhos e nunca desistir, pelo Richard Rasmussen que eu considero irmão por ter lido o primeiro capitulo e falado, "ficou do caralho, manda bala". Agradeço por ter a oportunidade de escrever este texto que poderá inspirar uma mãe que está sozinha a não desistir, e acreditar que seu filho ou filha vai ganhar esse mundo e vai precisar de sua batalha constante para sobreviver. Obrigado, obrigado, obrigado... agradeça sempre e mais virá, simples assim.

Mas, voltando a base... Durante esse tempo trabalhei na cozinha por duas semanas. Para alguns era difícil, mas eu não achava nada difícil descascar algum legume e deixar pronto para o cozinheiro preparar. Lavar louças? O seu único trabalho é colocar as louças na máquina e depois tirar.

Depois de me qualificar como *Watch Stander* o foco foi me qualificar para trabalhar nos barcos, para poder operar em missões de resgate. Para me qualificar em cada tipo de barco, era necessário conhecer tudo sobre o assunto para poder se movimentar numa ação praticamente de olhos fechados. Todos os barcos são diferentes e para se qualificar a pessoa precisa ter o conhecimento de cada um deles e saber atuar em stress sem pensar duas vezes.

Os primeiros barcos a me qualificar foram os menores, os de 21 pés. Esses eram os mais fáceis por terem somente dois motores de 150 cavalos cada no mínimo e serem fáceis de operar sendo que precisa de poucas pessoas para operar e para conduzir um resgate. Foi relativamente fácil me qualificar porque precisei somente saber usar o barco caso o capitão tivesse algum problema além de saber como usar as navegações internacionais para poder conduzir. Foi necessário também saber sobre resgates usando esse barco por exemplo, como chegar a uma vítima etc. Existe todo um processo que já foi provado e usado por muito tempo, e as regras seguem até hoje.

Alguns anos depois, eu aprendi no Grupo de Operações Especiais, que se você pratica algo no mínimo 2000 vezes, isso vira reflexo. Claro que existem pessoas que devem demorar 10.000 vezes, mas isso simplesmente significa que, o domínio da prática, vira reflexo. Um ótimo exemplo é quando você aprende a dirigir um carro de marcha, depois de "x" vezes você troca as marchas automaticamente, sem pensar, isto é, isso vira um reflexo.

10
SILENT WARRIOR:
A PRIMEIRA MISSÃO EM ATLANTIC CITY

Para evitar falar muito sobre coisas técnicas que eu talvez nem possa falar e para evitar ao leitor ter que ler tudo sobre barcos, navegação, como pintar uma parede, como cortar uma cebola sem chorar (não tem como, choro sempre), ou o melhor jeito de descongelar as luvas e botas no meio da neve (ir ao banheiro como se fosse número 2 e ficar lá por 20 minutos descongela qualquer gelo), eu vou direto ao ponto e falar sobre o que me inspirou em entrar na Guarda Costeira. Não foi apenas o Luiz que me falou ser impossível, mas o que realmente me assegurou que esse era o meu caminho, foi o resgate em alto mar.

Existem muitas pessoas, muitas mesmo, que não têm a oportunidade de salvar vidas na Guarda Costeira, pois trabalham em algo distante ou, simplesmente tem o "azar" de ficar fora de tudo. Comigo foi ao contrário, enquanto estive trabalhando lá, algo sempre aconteceu.

Não vou escrever sobre todos os resgates, mas somente os que mais me marcaram nesse período com a unidade de Atlantic City.

Certa noite nós recebemos uma chamada pelo rádio, vinda de um barco precisando de ajuda em alto mar. O mar estava muito agitado e o barco perdeu uma das velas, deixando-o à deriva e com o risco de bater nas pedras da entrada do canal. Lembro-me muito bem que estava deitado na cama estudando, quando o alarme tocou. Sai logo correndo até o armário onde estava a minha roupa já pronta para casos de emergências. Coloquei a roupa de frio que é toda vedada e não permite a entrada de água. Segui correndo para o barco preparando as cordas para sair.

A previsão do tempo estava marcando ondas pequenas e decidimos sair com o barco de 41 pés, que não é construído para ser usado em ondas grandes, mas servia como uma plataforma muito estável no reboque de barcos. O barco 41 requer 4 tripulantes, o capitão, o engenheiro e dois marinheiros para fazer os resgates. No nosso caso, fomos eu e Kara, uma moça ainda sem experiência que tinha acabado de se qualificar nesse barco.

Kara é uma menina da Carolina do Sul e tinha um sotaque que poucos entendiam. Ela fumava e falava alto o tempo todo com aquele sotaque que fazia todos sorrir, alguns por não entender o que ela falava e outros por achar algo estranho, fora do comum. Toda a frase que ela falava terminava com um sorriso ou uma gargalhada, menos nessa noite chuvosa. Eu tinha um pouco mais de experiência que ela, mas nada como o que estava prestes a acontecer.

Chovia muito e o capitão ordenou que soltássemos as cordas. O engenheiro deu ok dos motores e partimos rápido com as luzes azuis piscando e as sirenes que cortavam o barulho dos trovões. Começamos a seguir no sentido do canal de entrada para o mar e notamos que tinha nevoeiro e a visibilidade não estava tão boa.

A 100 metros da saída do canal onde começa o alto mar, o capitão desligou a sirene e um barulho que parecia vir de dentro de nossa alma tomou conta de tudo, e pelos olhares de todos, deu para notar que havíamos cometido um erro. Esse barulho vinha das ondas batendo contra as rochas na saída do canal e tudo tremia. A temperatura estava perto de zero graus e não se ouvia nada além do barulho das ondas. Entre as batidas fortes contra as rochas, dava para sentir o ar tremer na expectativa de uma explosão. Um barulho que era terrívelmente assustador por sabermos que teríamos que passar por isso para chegar ao barco que pedia socorro.

O nosso erro foi a escolha do barco e a norma correta seria

regressar para a base e chamar ajuda da parte aérea que ficava a 25 minutos de distância.

Eu e Kara ficamos do lado de fora do barco reportando para o capitão o que acontecia nos arredores. Estava difícil de ver devido a intensidade da chuva, mas fazíamos o melhor possível para ajudar.

Daí, o nosso barco parou a 20 metros da saída. O capitão nos chamou e juntos tomamos a decisão de prosseguir e tentar o resgate.

Recomeçamos o trajeto seguindo no sentido mar enquanto eu e a Kara ficávamos gritando e orientando sobre as ondas que vinham em nossa direção, para que o capitão ajustasse o barco para receber a onda de frente. O lado mais perigoso do canal de Atlantic City ficava no lado norte, onde fica a cidade de Brigantine. Ali havia muitas pedras e a profundidade mudava muito por conta da corrente marítima. Muitos barcos afundavam ali e sabíamos que era para ficar longe dessa área.

Lembro muito bem dessa noite e inclusive, já tive vários pesadelos, mesmo depois de passados esses anos. Escrevendo este texto, chego a sentir o batimento cardíaco subir e o cheiro do mar parece voltar. Estava muito escuro e só conseguíamos ver algo com os relâmpagos. A escuridão e o barulho do mar violento é algo assustador e quem o ouve pela primeira vez, nunca mais esquece. Cada onda que batia em meu rosto parecia que ia me cortar e o gosto de sal e suor misturados ao mesmo tempo não tem como descrever.

Logo que saímos do canal conseguimos ver um sinalizador ser lançado e nos demos conta de que eles estavam na pior parte do canal, prestes a serem jogados em cima das rochas, exatamente no lugar proibido onde era comum os barcos afundarem e exatamente onde não poderíamos ir, no lugar de onde saia todo aquele barulho aterrorizante que tentávamos nos afastar.

No entanto, o capitão, sem pensar duas vezes, ordenou que preparássemos para o resgate. Nesse caso seria preparar as cordas para conectar com o barco. Isso envolvia uma corda mais grossa que foi conectada com nosso barco e, no caso de o barco socorrido ser a vela, teríamos que usar uma corda com duas conexões, uma em cada lado do barco. Também precisamos de uma corda para lançar até o outro barco, sendo que essa foi a parte mais difícil de todas.

Preparamos tudo o mais rápido possível e olhei para a Kara. Ela estava aterrorizada e notei que poderia afetar sua performance. Tomei o seu lugar para jogar a corda e nos preparamos para o que viesse.

O capitão usou toda a força do barco para atravessar as ondas preocupado em não acertar alguma pedra ou encalhar na areia que sempre mudava. Eu comecei a checar meu equipamento pessoal para ver se estava tudo pronto se acaso eu caísse na água ou precisasse abandonar o barco. Vi se a corda do meu salva-vidas estava pronta para ser acionada caso precisasse, se minha lanterna estava no lugar e apertando o bolso, eu conseguia ver se os sinalizadores estavam comigo.

Pedi ajuda ao meu anjo da guarda e agradeci por estar ali. Senti um momento de pânico, mas depois de falar com meu anjo da guarda, eu comecei a sorrir e olhei para Kara. No meio dessa noite escura eu consegui ver os seus olhos azuis em pânico enquanto gritava "onda quebrando na esquerda". O seu grito era de desespero mesmo e o capitão atendia virando o barco para a esquerda, pegando a onda de frente.

Eu estava na parte traseira e mais baixa do barco preparado para jogar a corda. As ondas entravam e cobriam toda essa área. Eu ficava de joelhos para não cair fora do barco e a água chegava até a minha barriga. Segurei com força a corda fina que iria lançar para não a perder e correr o risco de enroscar na hélice do nosso barco.

Fomos seguindo e o capitão só conseguiu chegar a 20 metros do barco a vela e virou rapidamente para expor a parte traseira onde eu estava. Quando o capitão virou o barco, eu pude ver o barco a vela pela primeira vez, já que estava na parte traseira e foi quando eu notei que a distância de 20 metros era praticamente impossível atirar uma corda devido todo o vento que soprava naquela noite.

Então eu vi o tripulante do barco a vela em um ato de heroísmo sair da parte de baixo do barco onde os outros estavam esperando, e se dirigiu para a frente do barco. Ele passava por cordas que tinham caído, pedaços da vela. O seu barco movia muito, e eu sabia que a chance de cair no mar era muito grande. Finalmente ele conseguiu chegar na frente do barco e, de braços abertos, sinalizou para eu lançar a corda. Ele estava desesperado e sabia que se eu não conseguisse lançar a corda na primeira tentativa, eles provavelmente iriam bater nas rochas.

Eu olhei para baixo ainda sorrindo e falei, "me ajuda nessa Michael". Olhei para o tripulante e joguei a corda com toda a força que eu tinha.

Acertei a cabeça dele e congelei por 3 segundos sem acreditar que isso tinha acontecido. Nem em dias de sol sem onda é fácil acertar e até hoje não sei como fiz isso.

A Kara gritou em seu sotaque caipira "Yeah Mariani" junto com o capitão e o engenheiro e sorrindo, olhei na direção deles, como se fosse algo normal.

O tripulante puxou a corda fina que lancei e nela estava conectada a corda que seria presa no seu barco. Depois de conectar, o nosso capitão gritou no alto falante para que todos os tripulantes fossem para a parte interna e se segurassem.

O que muitos não sabem, é que quando você está conectado com outro barco, você corre o risco de virar o seu próprio, especialmente com as ondas atingindo a parte de trás do barco. Se o barco que está sendo rebocado ficar na frente de uma onda grande e surfar, ele vem para cima do seu barco, atingindo-o. Se o seu barco ficar na frente de uma onda e surfar, o bico pode se "enterrar" na onda e o barco vira.

Tudo tem que ser extremamente bem controlado e a comunicação precisa ser perfeita. O capitão comandava se devíamos dar mais cordas ou não, e para isso, ele precisava saber o que estava acontecendo com o outro barco e a ordem das ondas. Se o outro barco começasse a surfar, nosso capitão precisaria acelerar. Se o nosso barco começasse a surfar, ele precisaria parar o motor e deixar o outro barco nos segurar. (Eu sei que deve ser difícil entender isso tudo apenas lendo, mas tudo funciona assim mesmo).

Conseguimos entrar no canal, e a ordem agora era trazer o barco para o nosso lado e amarrá-lo junto ao nosso. Isso os ajudaria a atracarem, e ao mesmo tempo, conseguiríamos atender algum tripulante que estivesse ferido.

Quando chegamos perto da base, vimos as ambulâncias e todos nos aguardando. Finalmente paramos o barco e o comandante falou que poderíamos sair do barco que eles fariam o resto.

Foi a melhor coisa que pude ouvir e quando sai do barco me dei conta que não tinha energia para subir a escada. Fui ajudado a subir e todos correram para o chuveiro para se aquecer. Estávamos molhados e tremendo sem parar e minha maior preocupação era a hipotermia.

Entrei no banheiro e quase não consegui tirar minha roupa. Sentei-me sozinho, de roupa e tudo, no chuveiro e chorei. Foi quando toda a adrenalina acabou, meu corpo cedeu e foi ali, chorando, que eu percebi a intensidade de tudo o que tinha acontecido. Nunca falei para ninguém que chorei esse dia e não sei a razão do choro, mas me fez sentir bem. Notei meu corpo travando debaixo do chuveiro e levantei rápido como se nada tivesse acontecido, me troquei rápido e fui até o barco ajudar na limpeza e preparo.

Porém o comandante não deixou e falou que eu deveria descansar e me preparar para escrever o relatório sobre tudo que havia acontecido. Naquela noite, deitei-me com botas e tudo, e acordei nove horas depois na mesma posição. Felizmente, nessa noite, os pesadelos não vieram, mas me perseguiram por muito tempo.

Na realidade, naquela noite, quando voltei ao barco depois do banho, minha intenção também era ver os tripulantes do barco a vela e me apresentar. Tinha em mente o que todos devem pensar, que, depois de salvar uma vida, a pessoa te agradece e lhe dá um abraço, como nos filmes. Nesse caso, eles saíram envergonhados e sequer agradeceram qualquer um de nós. No próximo dia voltaram para buscar o barco como se nada tivesse acontecido. Por anos achei isso o fim do mundo, pensando como alguém poderia ser tão ingrato. Eram seis tripulantes, 3 casais, e nenhum deles sequer olhou para um de nós e agradeceu. Mas, depois de muito tempo, me dei conta que eles deveriam estar se sentindo envergonhados por terem feito a nossa tripulação arriscar nossas vidas para salvá-los. Deveriam ter percebido que o mar estava muito agitado para ir velejar, e que deveriam ter parado em algum lugar e esperado o temporal passar. Provavelmente foi um erro de algum deles tentando agir como o sabe-tudo do grupo.

Anos depois, no Grupo de Operações Especiais, eu aprendi que não fazemos tudo isso por reconhecimento. Somos *silent warriors* ou guerreiros silenciosos. Nosso trabalho é por amor à Pátria, a todos que precisam e principalmente amor ao irmão do seu lado, que está na mesma batalha.

Por ter feito esse salvamento, eu recebi uma medalha pelo heroísmo e uma carta de reconhecimento do Congresso Americano.

11
HERÓI DA CRUZ VERMELHA

A vida na base de Atlantic City era bem tranquila. Trabalhava nos deveres diários como lavar e polir os barcos, limpar os prédios da base, pintar e por aí vai. Tudo para manter o local e os barcos em perfeitas condições. Ao mesmo tempo, estudava para subir na carreira. Quando você entra na carreira militar, começa no nível E-1. No meu caso, na base, eu já estava E-2 e meses depois eu consegui chegar ao cargo de E-3.

Certo dia, estávamos levando um dos barcos para uma de nossas bases na cidade de Ocean City, New Jersey. Fui escolhido para ir junto com um engenheiro para colocar o barco no trailer e levá-lo por meio terrestre até a cidade, numa viagem de cerca de 45 minutos. No caminho enquanto estávamos conversando normalmente, eu notei um sinal na estrada. Era como se algum veículo tivesse derrapado e entrado no mato. Algo me falou para parar. Imediatamente eu gritei para que o motorista parasse a camionete. Ele levou um susto e brecou, diminuindo a velocidade. Antes que ele parasse completamente, ainda em movimento eu saí correndo como nunca. Não entendo o motivo, mas meu coração estava disparado e o meu instinto me fazia correr para o mato seguindo a marca no chão.

Eu entrei naquele mato quebrando tudo no caminho, sem pensar em me machucar e encontrei uma van de trabalho com a luz do freio ligada, como se alguém estivesse com os pés no pedal. Corri para a porta do motorista e notei que o carro já estava em chamas. Dentro tinham pessoas se mexendo e o motorista estava atordoado, sem saber o que fazer. Com as chamas saindo da parte dianteira, eu tentei abrir a porta e com dificuldade e muita força, consegui abrir o suficiente para tirar o motorista. Assim que tirei, os outros saíram pelo lado, sem entenderem o que tinha acontecido. Nessa hora meu parceiro chegou e levamos todos para longe do fogo.

Corri para nosso veículo e peguei o extintor de incêndio para apagar o fogo. Assim que conseguimos apagar, chamamos ajuda pelo telefone. Logo depois apareceram policiais estaduais que chamaram o resgate. Ficamos ali por uns minutos e tivemos que sair correndo para chegar a tempo na base. Foi tudo tão rápido que nem prestamos muito atenção. Foi algo natural.

No dia seguinte, a polícia estadual veio até nossa base agradecer e falar sobre o caso para nosso comandante. Eu não sabia que tinham ido e quando me chamaram no alto falante para comparecer ao escritório do comandante, eu achei que tinha feito algo errado. A caminhada até o escritório parecia que nunca terminava. Suando frio, bati na porta e me identifiquei.

O comandante deu ordem para que eu entrasse e lá encontrei os policiais estaduais. Primeiro eu não os reconheci e pensei que estava indo preso por alguma coisa. Na minha mente eu me preparei para ser algemado e cheguei a imaginar o rosto da minha mãe ao saber que seu filho havia sido preso. Mas, ao mesmo momento, eu me perguntei, mas por que preso? Nunca fiz nada de errado. Tudo isso passou pela minha mente em um segundo e fiquei tranquilo quando os policiais comentaram que estavam ali para pedir um relatório do que tinha acontecido no dia anterior. Percebi que não iria preso, mas ainda tinha espaço para levar uma bronca do comandante por ter agido sem pensar e sem ajuda do resgate.

Nada disso aconteceu e o comandante, com seu tom firme, falou "bom trabalho Mariani" e me dispensou. Lá fora estava o meu parceiro de resgate daquele dia com um sorriso no rosto. O engenheiro demorou para chegar, mas se deu bem porque escutou a conversa e não passou o nervoso que passei. Ele sorriu quando passei suando ao seu lado e respondi com meu sorriso de alívio, que só mostra os dentes.

Meses depois recebi o prêmio de herói dado pela Cruz Vermelha Americana.

Esse é um prêmio destinado a heróis que realizam ações em prol das comunidades e os nomes são escolhidos todos os anos. Eu fui escolhido entre todos os militares americanos daquele ano e recebi o prêmio em uma cerimônia feita em Atlantic City.

Nunca contei sobre essa premiação para ninguém. Guardei com cuidado, e depois de anos fui achá-la entre minhas coisas.

Mas, para mim, o verdadeiro prêmio foi entregue no mesmo dia do acidente com o sorriso do motorista, um abraço e um obrigado. Esse é o prêmio que ninguém tira de mim porque está guardado na minha mente. Não tem medalha ou pedaço de papel que supere isso.

12
UNIDADE TÁTICA TACLET: EM BUSCA DE UMA NOVA MISSÃO

Minha carreira na base de Atlantic City durou três anos e fiz vários resgates em alto mar. Muitos para escrever sobre todos, sem deixar o leitor com sono.

Depois de muito trabalho duro, dedicação, suor, sangue e lagrimas, eu comecei a pensar qual seria minha próxima missão. Eu sempre fui muito inquieto e sempre quero mais, nada me segura porque eu sempre quero crescer, fazer algo diferente. Sinto-me como alguém sempre procurando o seu destino, em busca da sua razão por estar aqui.

A guerra no Iraque estava passando em todos os canais de TV e me senti atraído por mais ações. Queria fazer parte daquilo tudo e não sabia como entrar em ação. Procurei saber quais unidades da Guarda Costeira estavam atuando no Oriente Médio e descobri que tinham dois barcos de 110 pés e uma unidade tática chamada TACLET (*Tactical Law Enforcement Detachment Team*), considerada como a unidade tática mais difícil de entrar.

A unidade TACLET foi formada em 1982 e em 1986 os primeiros times chamados de LEDET (*Law Enforcement Detachment Team*) começaram a fazer as primeiras operações usando navios militares americanos e de outros países. Por conta de um decreto chamado *Posse Comitatus Act*, o Departamento de Defesa Americano é proibido de atuar na área de policiamento ou execução de leis. A Guarda Costeira não faz parte do Departamento de Defesa e sim

Foto: US Coast Guard photo PA1 Tom Sperduto [Domínio Público]

Foto de um dos meus irmãos do grupo 403 da TACLET - Acervo Pessoal.

do Departamento de Defesa Nacional. Por conta disso, a Guarda Costeira é usada no combate ao narcotráfico e terrorista mundial, atuando em lugares onde o militar comum não consegue chegar.

Com todo mundo falando que era impossível entrar nesse grupo tático, eu resolvi focar nisso e fazer de tudo para conseguir. Pedi minha transferência, mas o grupo tático precisaria me aceitar antes que o comando me liberasse. Logo comecei a pedir ajuda para meu anjo da guarda e o atormentei todos os dias, até nos meus sonhos. Lembro de me ajoelhar a noite na beira na cama, e pedia muito para que fosse aceito. Como tudo em minha vida, ele me surprenderia.

Para ajudar, eu comecei a mandar e-mails toda a semana para o segundo oficial no comando do grupo tático. Anos depois eu descobri que essa foi a única razão que fui aceito, por pura persistência. Fiquei meses tentando algum retorno deles e acabei aceitando ordens para fazer parte da tripulação de um navio que atuava no Oriente Médio chamado USCG Adak. com 110 pés.

Eu tinha a data para ser transferido quando aconteceu um atentado no Golfo Pérsico contra uma das plataformas de petróleo no golfo, e um operador da TACLET chamado Nathan Bruckenthal ou Nate, como era conhecido, foi morto. Esse atentado foi coordenado pelo terrorista Abu-Musab al-Zarqawi da Al Qaeda. Ele usou um barco suicida cheio de explosivos para tentar atingir uma das plataformas de petróleo com o objetivo de desestabilizar a área. Nate estava em um barco inflável patrulhando a área com seu parceiro da Guarda Costeira e mais cinco marinheiros da marinha americana. Eles viram um barco pesqueiro chegar muito perto da área de proteção e foram investigar. Quando se aproximaram, o capitão do barco pesqueiro não respondeu aos comandos e eles foram investigar mais perto. Quando o terrorista notou que não tinha como chegar próximo da plataforma, ele esperou meus irmãos chegarem perto e detonou a bomba matando 3 pessoas, o Nate entre elas.

A explosão destruiu o barco inflável e jogou todos ao mar. Quando isso aconteceu, o navio onde Nate e o resto do time estavam não podia chegar perto pois achavam que eles tinham encostado em uma mina aquática. Por conta disso, todos os sobreviventes tiveram que ficar boiando a espera de resgate. Com a explosão, o parceiro de Nate ficou sem colete, nadando com todo o equipamento e segurando o corpo dele por muito tempo até a chegada do resgate. Essa demora não foi culpa do capitão da marinha que não autorizou chegar perto, pois o seu trabalho era proteger todos no navio e, naquele momento, ninguém tinha ideia que havia sido um ataque suicida, coisa nunca vista antes em alto mar. Conforme o treino da marinha, pensava-se ser uma mina aquática, coisa que nesse tempo ainda havia no mar, e portanto, o navio deveria permanecer longe para proteger o resto da tripulação.

Depois de um tempo todos foram resgatados, mas Nate e mais dois tripulantes não sobreviveram ao atentado.

Com a perda de Nate, a unidade tática iria precisar de outro membro, então por conta de tantos e-mails e o meu nome sempre estar presente nesses e-mails semanais infernais que eu mandava, eles resolveram me dar uma chance.

Meu chefe me chamou e falou que havia recebido as ordens. Eu disse que já tinha recebido a meses atrás e ele comentou que eram novas ordens para outro lugar. Perguntei para qual lugar e ele respondeu TACLET South em Miami. No início, achei que ele estava brincando pois todos da base sabiam e tiravam sarro das minhas ideias, dizendo que eu nunca chegaria nessa unidade. Pedi para um de meus amigos confiáveis confirmar no sistema e assim foi confirmado. Eu estava sendo transferido para a legendária unidade TACLET, e mal sabia o que me esperava. Lembro ter ido ao meu quarto, me ajoelhado no chão e chorado, agradecendo por ter conseguido.

Avisei aos amigos e familiares que mudaria para a Flórida e me preparei para a mudança. Deixei família e vários amigos para trás, mas como fui acostumado desde pequeno a mudanças, isso não me afetou.

13
TACLET SOUTH FLORIDA
THE COWBOYS

Em uma linda manhã de maio, eu enchi o caminhão de mudança e me preparei para sair no dia seguinte. Nesse tempo eu morava com a minha mãe e não tinha mobília própria para meu novo lar. Ela me deu quase toda que tinha para que eu começasse essa nova jornada e com dor no coração, nos separamos mais uma vez.

No dia seguinte de manhã, meu amigo André me encontrou, penduramos o meu carro atrás do caminhão e seguimos rumo a Flórida. O André sempre foi um grande amigo e anos depois ele também seguiria o rumo militar virando um sniper no exército Americano e participando em conflitos no Afeganistão.

A viagem durou aproximadamente 18 horas, conversando sobre nossos sonhos e sobre tudo que tínhamos passado na Filadélfia. Naquele tempo, o André era brigão e parecia um imã para atrair brigas, em todo lugar que ele ia, alguém queria brigar com ele. Com todas essas brigas, tivemos muitas histórias para preencher as horas de viagem.

Chegamos em Deerfield Beach onde moravam meus tios Kity e Hélio junto com meu primo Kaue, com quem já tinha morado na Filadélfia quando cheguei aos Estados Unidos e sei que eles são a razão de nossa família estar aqui. Não esqueço que devo muito a eles por nos ajudarem sempre.

Levei a mudança para um armazém e fui me alojar em meu novo lar. A vida na casa da Kity era animada. Como ela cozinhava maravilhosamente, gostava de marcar churrascos em casa e o meu tio Hélio, sempre alegre, contava piadas sempre brincando, uma criançona. Meu primo Kaue nessa época estava focado na faculdade e hoje é um profissional reconhecido, uma pessoa que aproveita a vida entre viagens e boas amizades. Eu o admiro por ter sacrificado seu lazer para se preparar para o futuro.

Alguns dias depois, eu tinha que me reportar para o Grupo Tático e não consegui dormir na noite anterior por ficar nervoso.

O Grupo Tático é conhecido como *cowboys*. Eles se vestem de forma diferente e não são muito de seguir as regras militares como acontecia no lugar que eu tinha vindo. Nunca se sabe o que acontece dentro da base deles, por ser "fora de limites" comparado com as tropas convencionais.

A base fica dentro de um aeroporto para ajudar no deslocamento rápido em casos de emergência. Tem um prédio de três andares só deles com uma academia externa para uso dos chamados "operadores" que significa alguém que faz operações especiais.

O grupo é dividido entre times com 8 a 10 operadores. Cada operador tem o seu devido trabalho e não existe uma hierarquia muito marcante como acontece na Guarda Costeira normal. Nos times, durante uma operação, é preferível seguir alguém experiente ao invés de alguém com o cargo maior.

Eu estava entrando no grupo como um cara novo, a âncora do time, o saco de batata que provavelmente iria atrapalhar muito até conseguir se adaptar. Foi bem assim...

Cheguei na base e estacionei o carro. Cheguei de uniforme mostrando minhas medalhas e com os sapatos tão limpos que poderiam atrapalhar pilotos se o sol refletisse neles. Eu estava duro como um boneco e não sabia o que fazer com meus braços. Sabe aquela situação que você está quando não sabe o que fazer com as mãos ou com o corpo, além de sair correndo? Era assim que eu estava me sentindo ao chegar lá.

Do estacionamento até a porta, eu passei por dois oficiais e bati a continência mais linda que eles já viram. Achei que até tinha deslocado o meu braço e se um mosquito tivesse passado em frente teria perdido pelo menos uma perninha de tão rápido e afiada foi minha continência. Tinha um olhar de pessoa determinada, mas meu uniforme azul claro não escondia as marcas de suor embaixo dos meus braços e costas. Nem estava quente, mas eu transpirava como estivesse corrido uma maratona.

Passei pelas portas da frente e fui subindo as escadas. Nessa subida, observei as fotos de operações feitas por eles em todos os lugares do mundo. Ver essas fotos deixa qualquer um excitado por estar ali, e ao mesmo tempo, nervoso.

Cheguei na primeira sala a esquerda, a da administração, e bati na porta com toda a força anunciando quem eu era como deve ser feito no padrão militar. Uma voz, lá de dentro, respondeu "abre porra". Achei que fosse brincadeira e bati de novo, anunciando, "PO Mariani requer entrar, senhor". A voz falou mais alto a mesma coisa só que rindo. Eu entrei com o peito estufado, suando e sem olhar para a pessoa na minha frente, dizendo "PO Mariani reportando para a base". Mais risos e um "relaxa cara". Olhei para ele e achei estranho que ele vestia uma camiseta, dificultando em saber se era oficial ou não. Ele pegou minha papelada e mandou que o esperasse, enquanto o pessoal terminava a academia e tomava banho. Sentei, mantendo a posição firme e reta, e fiquei lá esperando. Achei até que ia desmaiar por segurar o ar para me manter reto e finalmente o cara voltou e disse que eu deveria relaxar porque ali não era nada igual como os outros lugares e que levaria um tempo para se acostumar.

Depois do que me pareceu uma eternidade, o segundo no comando veio me cumprimentar e dar as ordens. Ele também falou para eu relaxar e ir para o time 403, onde seria meu novo lar.

Fui para o segundo andar onde eu vi várias portas de escritórios com números nas portas e comecei a procurar o 403, cuja porta estava trancada o que me fez voltar para ver como proceder. Abriram a porta e me informaram que eu esperasse até o time voltar em 3 dias. Enquanto isso era para eu me acostumar com o escritório e esperar as ordens do chefe do time quando eles retornassem. Três dias depois, o meu novo time chegou e não foi o que eu esperava.

Eles estavam voltando do Iraque e foi ali que me dei conta que era o mesmo time que tinha acabado de sofrer o atentado e perdido o Nate. Eu, simplesmente, era o cara que estava entrando no lugar dele, isto é, eu seria o cara que relembraria todo mundo que ele se foi. Foi muito difícil conseguir preencher as "botas deixadas por ele", como falávamos lá.

O time estava exausto e destruído psicologicamente, e eu fazendo mil perguntas para me preparar para a missão, não fui muito bem recebido e entendo o motivo. Todos me olhavam como se eu fosse a pessoa que entrou no lugar de um dos seus irmãos.

Eu treinaria entre eles e aos poucos provaria meu lugar no time, mas isso levou tempo e a conquista de muita confiança. Sabia que iria demorar, e, se tudo desse certo, eu seria um irmão deles nessa família, os famosos operadores da TACLET, mas antes eu precisava provar que deveria e conseguiria estar ali.

O treinamento começou logo e tive que demonstrar que conseguia agir rápido. Entre os testes físicos, psicológicos e práticos, eu fui aos poucos conseguindo ser aceito. Os testes físicos requerem muitos treinos na água pelo tipo de operação que é realizada e quando eu voltava do trabalho eu ainda treinava na piscina da casa da minha tia para poder aguentar o treino e os testes no time.

Não posso comentar sobre o tipo do treino, mas é bem rigoroso e a pessoa precisa aprender a não entrar em pânico na água e entender que o corpo ainda aguenta bastante tempo, mesmo no afogamento. Muitos pensam que enquanto estamos afogando tudo se acabou, mas aprendi no treino e na experiência, que o corpo não morre tão rápido e que você ainda tem muito mais tempo para sobreviver. Se você convencer sua mente que tudo acabou, o seu corpo desiste e você morre. Mas se você souber que ainda tem mais um pouco, mais uma chance, que você consegue sobreviver ainda mais, seu corpo luta para sobreviver, e foi isso que eles me ensinaram.

No teste de tiro eu estava acostumado a dar 45 tiros por treino e agora teria que atirar até três mil tiros por treino, o que na realidade chega a causar bolhas nos dedos só carregando munição. Nos treinos anteriores eu tinha que atirar e mostrar que conseguia acertar o alvo e mais nada, mas agora, eu tinha que demonstrar que conseguia não só acertar o alvo, mas fazer tudo isso com movimento e a adrenalina ao mesmo tempo.

Realmente eu estava sendo preparado para uma operação de alto risco e isso requer um tipo de treinamento que prepara para tudo o que possa acontecer, como por exemplo, atirar em movimento, atirar e trocar de arma ao longo do movimento etc. Eu tive o privilégio de passar de um treinamento normal para o treinamento de elite, fato que atinge somente 1% dos membros militares.

Além disso tudo, eu ainda precisava me qualificar e fazer um teste oral para poder atuar em uma operação. Nesse caso a pessoa praticamente fica na frente de um grupo de 3 ou 4 pessoas e eles fazem perguntas sem parar, e ao final, eles determinam se você passou ou não. Uma coisa que muitos não sabem, é que, para atuar em uma capacidade de "operador", você precisa ser capaz de tomar decisões sem ter alguém no comando, são decisões rápidas que podem tirar ou salvar vidas e, em cada segundo, enquanto você pensa no que fazer, alguém pode morrer, inclusive você mesmo ou seu irmão.

Eu passei no teste e já fui recomendado para poder atuar na próxima operação. Se hoje eu pudesse escolher, eu teria treinado muito mais antes de sair em uma operação, mas eu tinha a responsabilidade de estar pronto para a próxima missão e o time não podia perder, contavam comigo. Se nosso time não estivesse pronto para a próxima missão, isso significaria que o time seguinte ao nosso teria que entrar em ação, o que significava que o pessoal não teria muito tempo para ficar com a família em suas casas. Portanto, todos sabiam que deveriam estar prontos para a missão para que o irmão do próximo time pudesse descansar com sua família. Eu não lembro de nenhum caso onde nossos times não estivessem prontos para uma missão. Todos encontravam um jeito de estar prontos para a próxima e não correr o risco de fazer os nossos irmãos de outros times terem que viajar antes do esperado.

Nossa rotina era chegar na base todos os dias às 6:30 a.m. e fazer exercícios. Começávamos com uma corrida e depois alguns iam para a piscina para melhorar técnicas na água, e outros seguiam para a academia ganhar mais massa muscular. Uma das coisas que me preocupou no começo foi a natação, pois o Nate tinha acabado de morrer e novas normas sempre são implementadas depois de uma tragédia. Uma delas foi a norma de sobrevivência no mar, ou seja, como ficar nadando ou boiando por um tempo prolongado enquanto o resgate chega. As novas normas surgiram devido ao atentado contra nossos irmãos, no qual o parceiro de Nate teve que ficar por horas nadando e segurando o corpo dele enquanto a ajuda não chegava. Ele utilizou o que foi possível para flutuar e depois disso resolveram implementar normas mais rígidas na água, decisões que poderiam salvar nossas vidas em caso de emergência.

Uma das coisas implementadas foi o uso de qualquer substância flutuante no equipamento operacional. O parceiro de Nate notou que, se tivesse ajuda de qualquer material para flutuar, isso poderia ter facilitado em muito o tempo de crise. Com isso, começamos a colocar pedaços de espuma entre o nosso equipamento tático, por exemplo, entre o carregador e o cinturão, e até espuma entre a placa de cerâmica a prova de balas e o nosso corpo. Aperfeiçoamos o nosso equipamento para flutuar com pouca ajuda e eliminar o peso, em caso de cair no mar.

Os grupos de operações especiais sempre estão aperfeiçoando suas técnicas e muitas delas vem depois de algum evento que deu errado ou que poderia ter dado mais certo. Depois de toda a operação, os membros se reúnem para falar sobre o que deu certo e o que deu errado, ajustando o necessário para a próxima missão e ao mesmo tempo, aprendendo.

Após os exercícios, nosso time se encontrava no escritório e conversava sobre a próxima operação. Eu não via a hora de fazer a minha primeira. Eles falavam, falavam e eu só escutava, sem poder dar palpite já que minha experiência era zero. Eu ficava só escutando e sonhando em estar no meio de tudo aquilo.

Foto em uma fragata americana durante treino para membros da Marinha no Oceano Pacífico - Acervo Pessoal.

TERCEIRA PARTE
NA UNIDADE TÁTICA ESPECIAL

*Daqui em diante, nesta parte do livro, eu devo
dizer que se faz necessário mudar nomes, locais
e resultados por segredo operacional e que preciso
cumprir. Muitas das minhas operações ainda podem
estar em andamento ou sob investigação e se eu
divulgar posso colocar em risco todo esse trabalho e as
vidas de muitos de meus irmãos que continuam na
batalha. Muitas operações eu não irei contar aqui e de
agora em diante, os fatos podem ser ficção ou não.*

14

SPEED, SURPRISE AND VIOLENCE OF ACTION

Nossa primeira operação foi na costa de um país da América do Sul. Nosso time sempre operava com grupos militares de países aliados que estavam atuando no local de nossa missão. Isso faz parte do tratado entre países que autoriza grupos como o nosso a utilizar navios e bases de países aliados para combater o narcotráfico e o terrorismo. Isso ajuda muito os nossos grupos a operarem em países e locais onde não temos recursos de imediato. Por exemplo, um navio holandês navegando pelo Caribe pode servir de plataforma para nossos grupos operarem sem o conhecimento do inimigo. Isso pode acontecer até mesmo com navios auxiliares a frotas, que somente os abastecem como acontece com alguns britânicos que usamos.

Durante a operação, enquanto está em andamento, troca-se a bandeira tornando essa plataforma norte-americana. Depois da operação, retornamos para a parte interna do barco, esperando as próximas ordens.

Os grupos da TACLET como o nosso, possuem poderes federal e militar ao mesmo tempo, fato que é fundamental em muitas missões onde outros grupos militares não podem atuar. Um exemplo de situação desse tipo é a abordagem de um barco de bandeira colombiana: Se for feita por um grupo militar norte-americano, sem o conhecimento do governo da Colômbia, isso pode ser considerado um ato de guerra. Se for feita com uma unidade federal como a nossa, podemos agir em águas internacionais conforme as leis marítimas. Podemos também perseguir um fugitivo americano dentro da soberania de outro país, fato que uma entidade militar não pode fazer.

Nossa missão estava prevista para durar 2 meses no Golfo Pacífico, com o objetivo de combater o tráfico de drogas da Colômbia para o México, que, eventualmente, tem como destino os Estados Unidos.

Preparamos todo o equipamento e começamos a treinar as operações como um time. Para mim esse começo foi difícil porque eu ainda não sabia como atuar em grupos táticos, mas o que ajudou foi a minha forma de praticar alguns movimentos em minha casa. Em casa, literalmente, eu treinava como sacar a arma, repetindo o movimento por várias horas em frente ao espelho, o que se tornou um movimento reflexo. Só para relembrar, se alguém treina algo repetindo duas mil vezes, o corpo começa reagir imediatamente como se fosse um reflexo, mais ou menos como dirigir um carro trocando marchas no câmbio: depois de repetir muitas vezes, você não precisa mais se concentrar no movimento. Apenas você reage. Isso ocorre da mesma forma quando se saca uma arma. Pratiquei o saque de arma por dias em minha casa, e depois comecei a praticar o movimento do corpo na entrada tática.

Para efetuar uma entrada tática, você precisa de *Speed, Surprise and Violence of Action*, ou seja, Velocidade, Surpresa e Violência na Ação. Muitas vezes você consegue eliminar a violência e entrar em um lugar sem precisar fazer muito, somente usando a velocidade e a surpresa, então o inimigo se rende. Isso seria uma operação perfeita, mas nem sempre funciona assim e a violência pode ser um ponto fundamental na sobrevivência da operação.

A violência em confrontos de curta distância é essencial e isso não significa excesso de força, mas sim uma mistura de barulho, ação e força ao mesmo tempo. A violência nem sempre causa danos físicos ao oponente tal como causa a força excessiva. O segredo é a medida perfeita de velocidade, surpresa e violência.

A entrada tática é como uma dança e quando é bem-feita flui como um casal perfeito dançando um tango. Pelo menos, é assim que eu vejo quando tudo isso está acontecendo, (parece até que vai sair uma lagrima de emoção do meu olho quando vejo uma entrada perfeita e tudo dá certo), (brincadeira).

Nessa fase de preparação das operações, o nosso dia a dia era chegar ao trabalho às 06:30 a.m., ir para a academia, depois tomar banho e às 09:00 a.m. já estávamos em uniforme para nos apresentar ao comando. Dos nove times no grupo TACLET, em média, somente 3 ou 4 estavam na base, o restante estava em algum lugar do mundo fazendo algum tipo de operação.

Depois de reportar ao comando e ouvir as ordens e as notícias do dia, voltávamos para nosso escritório e preparávamos para a próxima operação. Cada time tinha seu próprio escritório e ali era como se fosse a casa de cada operador desse time. Normalmente ninguém entrava no escritório de um time, e ali nós podíamos ter nossos "troféus" de missões realizadas como bandeiras e fotos de nossos times em ação. Tinham dois computadores e neles acessávamos nossos e-mails dentro do sistema militar e ler as notícias secretas que estavam acontecendo no mundo. Além disso era o momento de prepararmos o equipamento como armas e tudo o que fosse preciso para a execução da próxima operação.

Ao mesmo tempo, estudávamos para nos qualificar em equipamentos novos, como detectores de explosivos e drogas. Ao meio dia, uns iam ao refeitório almoçar e outros esperavam até às 1:00 p.m. e iam embora.

Nossos dias eram curtos para que todos tivessem mais tempo com a família, pois passávamos muito tempo viajando e longe de todos, além do stress das operações que poderiam causar problemas em casa e com isso, dificultar o empenho e o foco do operador.

Eu saía do escritório todo empolgado e ia para casa dirigindo e treinando o saque de arma sentado, pois cada segundo seria produtivo para que eu pudesse melhorar e chegar ao nível de meus irmãos.

Eu chegava em casa e já entrava como se fosse uma entrada tática. Entrava pela porta da frente verificando os cantos e dançando o "tango" até ficar perfeito, o que leva no mínimo, 2000 vezes. Na entrada tática, existe uma posição perfeita do seu pé para que seu corpo siga corretamente sendo que, cada lado da porta, significa um pé. Se tiver que pensar qual é o pé que deve usar durante a operação, você perde um tempo precioso e tudo deve acontecer naturalmente. Até hoje eu me pego mudando de pé e posição antes de entrar em uma sala e isso já faz parte do meu instinto.

Eu entrava no meu quarto e jogava minha mochila de trabalho, tirava meu uniforme e ia treinar na piscina para nadar. Na minha mente eu precisava melhorar sempre e o meu corpo foi, aos poucos, se adaptando. De 10 voltas na piscina, eu aumentava 3 voltas todos os dias até que um dia perdi a conta.

Na base, todos os dias eu me sentia inspirado a exigir ser mais forte, a levar meu corpo sempre ao limite e convencer minha mente que sempre podia ir além. Um exemplo é o treino na piscina que você praticamente se afoga para aprender que você ainda está vivo e não pode desistir. Quando o corpo desiste é porque a mente desiste, mas o corpo aguenta muito mais do que isso. Quando você afoga, a sua mente já viu muito filme e aprendeu que deve desistir, mas temos muito mais do que isso. Ao programar a mente que você não morre, e que pode continuar e lutar, o seu corpo vai responder e na piscina, isso se aprende com muita prática. Por exemplo, fazemos o treinamento em que amarram suas mãos atrás de seu corpo e te colocam no meio da piscina. Se você lutar para ficar acima da água, você não aguenta e acaba se afogando, e nesse momento, a mente prepara o corpo para morrer e você desiste. Se você convencer sua mente que você precisa ficar calmo, soltar o ar dos pulmões, afundar até chegar ao fundo da piscina e empurrar com as pernas para subir, você consegue uns segundos de ar e retorna para fazer a mesma coisa, respirando e mantendo a calma. O problema acontece se você não afunda o suficiente para dar impulso, isto é empurra com as pernas e não chega na superfície ficando no caminho e se afogando. Claro que, em nosso treino tinham mergulhadores e nunca ninguém morreu, pelo menos no meu tempo. Mas isso te ensinava a confiar no seu instrutor e a seguir suas instruções.

No treino de tiro, eu aprendi a me mover e a atirar ao mesmo tempo junto com o time e como isso aconteceria na vida real. Na Guarda Costeira, como em todas as outras partes militares fora do grupo de operações especiais, você aprende a atirar em um stand de tiro em alvos parados, todos juntos atirando e acertando um alvo que não se movimenta e está a uma distância pré-determinada seguindo o comando de um instrutor.

Nos grupos táticos você precisa aprender a atirar em movimento na sintonia do time, sendo eficaz e rápido ao mesmo tempo, confiando no seu time e dependendo de cada um que faz parte dele. Você precisa se movimentar, atirar e tomar decisões em menos de um segundo para que todos sobrevivam na operação. Esse preparo e coordenação perfeitas duram muito tempo, muito mesmo. Leva ainda muito mais tempo, o fato deles confiarem que você vai fazer seu trabalho na hora mais importante e guardar "o 6 deles" como falamos, (guardar o 6 significa cuidar da retaguarda dele).

Depois de um mês e meio de treino e conseguir as qualificações em todas as armas que seriam usadas para a primeira missão, nos preparamos para viajar.

Dias antes da viagem, o segundo no comando do meu time chegou e perguntou por que eu ainda não tinha pego minha cidadania americana. Eu falei que estava em processo, mas que ainda não tinha conseguido, porque o processo federal leva muito tempo. Ele fez uma simples pergunta: "Se você for raptado durante a operação, seu país de origem irá te resgatar?" Pensei bem e falei que não, ele sorriu e disse que precisava de minha cidadania para poder fazer a operação com o resto do time. Ele mandou que eu fosse ao órgão de imigração para resolver sobre minha cidadania levando uma carta oficial constando a operação e que deveria ser destruída depois de lida pelo oficial.

Minhas ordens foram vestir o uniforme oficial com todas as medalhas e ir conversar direto com o supervisor da imigração americana. Esse escritório da imigração ficava em Miami e tinham filas que davam voltas no quarteirão. Nessa fila as famílias esperavam a madrugada toda para serem atendidas e eu já sabia como era.

No dia seguinte, lá fui eu às 11:00 a.m., de peito estufado parecendo um pavão exibindo todas as medalhas, para a frente da fila exigindo falar com o chefe deles.

Para a minha surpresa fui atendido sem nenhuma pergunta e fui direto falar com a pessoa encarregada do departamento de imigração. Cheguei, falei que tinha uma operação secreta em poucos dias e que precisava de minha cidadania imediatamente com um ar de quem mandasse no pedaço, mas ao mesmo tempo morrendo de medo que me mandassem a merda.

Ele pediu meu nome para conferir no sistema, leu a carta, a destruiu no triturador e falou para que eu fosse a uma farmácia tirar fotos e voltasse em uma hora. Fui até a farmácia, fiz as fotos e voltei, e tive uma das maiores surpresas da minha vida.

Ele já estava com meu certificado de naturalização pronto e colou a foto que tinha acabado de tirar nesse certificado. Pelas normas legais, ele foi obrigado a fazer três perguntas sobre a história americana como toda pessoa naturalizada precisa responder. Eu errei todas e a minha defesa foi, "vai perguntar para qualquer americano na rua e ver se eles sabem essas respostas".

Eu mal estava no grupo de operações especiais e já falava como um deles, com ar de autoridade.

Ele olhou para a minha cara e me fez uma pergunta fácil, "qual era o presidente dos Estados Unidos," e, eu com um sorriso confiante falei "George W. Bush" e para minha surpresa ele ainda perguntou o que o W significava no nome dele. Eu ainda sorrindo, mas demonstrando o terror dessa pergunta nos meus olhos, respondi, "o W é a primeira letra do segundo nome dele, senhor". Ele olhou para o teto, colocou as duas mãos na mesa e assinou a minha cidadania, e foi assim que me naturalizei americano.

Saí daquele escritório como uma bala, para que ele não pensasse duas vezes e pedisse de volta o certificado. Voltei para a base e fui logo apresentar meu novo documento. Entreguei para o meu chefe de equipe e falei, agora se eu for raptado vocês terão que me buscar.

15
MANOS ARRIBA, PUTOS

Todo o treinamento foi feito, e depois de muito suor, sangue e "lagrimas escondidas", chegou o dia de viajar.

Na noite anterior, a minha tia fez a sua famosa macarronada e jantamos. Minha conversa sempre foi a mesma, esconder o que eu ia fazer e falar que seria uma viagem de treino para algum lugar. Não sei se conseguia esconder meu nervosismo, mas era isso o que eu sempre falava para os familiares. Na realidade, ainda acho que muitos só irão descobrir o que eu fazia pelo mundo, agora, depois de ler este livro.

Eu esperei tanto por esse dia que não consegui dormir à noite, pois tinha certeza que estava esquecendo de algo. Ficava me preparando para levar bronca quando chegasse na base sem algum equipamento ou algo que deveria ter levado. Felizmente isso não aconteceu porque não levei bronca, mas todos tiraram sarro quando descobriram que eu tinha esquecido de levar cuecas e iria estar sempre "leve e solto" debaixo do uniforme. Um desconforto imenso, mas um castigo que eu paguei todos os dias e nunca mais esqueci.

Nas nossas viagens, por serem secretas, nós deixávamos nossas barbas crescerem e entravamos em países como turistas ou, como foi o nosso caso, como fotógrafos de algum canal americano tipo National Geographic.

Nossas malas tinham uniformes e equipamentos, mas nunca foram checadas na entrada do país e se fossem, tínhamos passaportes vermelhos americanos, que significam que somos oficiais americanos e, portanto, as nossas malas não poderiam ser vistoriadas.

As armas cram entregues nos navios que usávamos, ou em alguns casos, tínhamos que levá-las no avião em caixas especiais e nesse caso, teríamos que fazer uma entrada oficial no país do nosso destino, com escolta e tudo o mais.

Pegamos um avião de Miami ao Panamá numa quinta-feira à noite, pois a nossa embarcação estaria abastecendo no porto na manhã de sexta. Chegamos no Panamá a noite e fomos direto para um hotel já conhecido pelos membros do time. Na rua do hotel, havia uma charutaria, uns restaurantes e um bar.

Como estávamos disfarçados, a nossa missão era beber e aproveitar a noite, o que incluía baladas, bares e qualquer coisa que um turista faz nessas cidades. Estudávamos com antecedência, com a inteligência para ver os locais perigosos e onde poderíamos frequentar.

Muitas pessoas não têm ideia do quanto o governo americano sabe sobre qualquer lugar do mundo inclusive no Brasil. Como tive acesso à inteligência secreta, eu posso falar que o governo sabe e conhece sobre todos movimentos, militares ou não, em qualquer país de interesse. No nosso caso, já sabíamos onde não deveríamos frequentar por ter algum tipo de perigo local ou algum cartel de tráfico que frequentava esses lugares.

Eu não conseguia acreditar que estava ganhando para estar numa festa, mas ao mesmo tempo, todos nossos sorrisos eram improvisados pois, na realidade estávamos pensando na operação que estava prestes a começar. Imagine eu, ainda sem saber o que esperar, sem ter entrado em um navio antes e sem ter a mínima ideia dos riscos que estavam por vir. Eu suava, sorria e tentava me divertir, mas parecia mais um gavião em festa de águia, estufava o peito e fazia conta que pertencia a isso tudo e era expert no que estava fazendo.

O segredo em beber sem beber, é sempre seguir uma bebida

forte com uma cerveja na garrafa. Exemplo, você toma um shot de tequila, segura na boca e já segue com uma garrafa de cerveja pela metade cuspindo o shot dentro da garrafa. Claro que precisa fazer cara feia e isso eu já tinha treinado em casa. Aos poucos, a pessoa começa a tropeçar como um bêbado e acaba a noite "bêbado, mas sóbrio". No fim da noite voltamos ao hotel e fomos dormir para logo acordar e sair antes do amanhecer.

O alarme tocou às 4:30 a.m. e fui tomar banho. Na realidade não dormi muito porque estava nervoso e tomei um banho bem gelado para ficar atento caso fosse preciso alguma reação durante a ida até o porto. Uma van branca enviada pela embaixada nos esperava no lobby do hotel, e entramos correndo para evitar que houvesse algum interesse em saber quem éramos. O tempo do hotel até onde nosso navio estava durou em torno de 30 minutos, e tínhamos que passar por uma área não muito desejada que ficava perto da ponte das Américas onde se conecta o hemisfério Norte ao hemisfério Sul das Américas, isto é onde o Oceano Pacifico se encontra com o Canal do Panamá.

Chegamos ao porto que fica dentro da base militar do Panamá e fomos direto para o nosso navio, o qual era uma fragata da marinha bem antiga e que agora servia para procurar minas submarinas e dar suporte aos navios de guerra. Tinha armamento leve como torpedos e canhões pequenos que servem para sua própria defesa e não para o ataque de imediato. Tinha também um sistema de defesa que derrubava mísseis lançados contra ele com apenas uma rajada de tiros.

Ao entrar no navio reparei que não éramos bem-vindos. Para começar, um navio como esse tem um número exato de tripulantes e isso significa que colocar mais nove pessoas nele daria um pouco de trabalho pois teriam que deslocar tripulantes para outras áreas do navio a fim de liberar camas para nossos operadores. Também dava para perceber que eles nos achavam um bando de "folgados", arrogantes e que pareciam atuar fora da lei, e nesse caso, eles acertaram em cheio.

O navio ainda estava atracado e eu logo comecei a me sentir mal. Foi minha primeira vez em um navio e leva tempo para se acostumar com tudo balançando. Era tudo apertado e nossas camas eram um beliche de 3 camas com espaço mínimo, e eu mal conseguia me virar de tão apertado.

Como éramos da Guarda Costeira, não responderíamos ao comando deles e não tínhamos as mesmas rotinas de acordar cedo e fazer a cama como eles faziam. Na realidade, enquanto eles acordavam às 06:00 a.m. e corriam para ficar prontos, nós ficávamos na cama dormindo e isso os enfurecia, pois às 07:30 a.m. tinha inspeção dos dormitórios e o grupo tático ainda estava se levantando causando essa mudança.

Nossa rotina no navio foi tranquila enquanto não tínhamos uma missão. Depois da inspeção dos dormitórios, íamos para a academia do navio fazer exercícios, e claro que, enquanto a academia estava fechada para todos, nós, os "folgados", estávamos lá dentro escutando música e falando alto. Depois era vez de tomarmos banho, pois nesse horário já não havia ninguém usando os banheiros e estava tudo limpo por conta da inspeção. No banho de 2 minutos, como todos devem tomar, nós ficávamos cantando e usando o chuveiro como se estivéssemos em casa. Depois todos se encontravam na sala de torpedos restrita a todos os tripulantes, pois era ali que estavam as nossas armas e as vezes, as drogas apreendidas nas missões. Apenas o capitão do navio e nós, os folgados, tínhamos as chaves para entrar lá.

Ao meio dia, antes de todos serem chamados, ficávamos na fila esperando a comida ficar pronta, com as bandejas na mão, pegando frutas a mais e repetindo a comida... realmente éramos um bando de folgados que não falavam ou davam satisfação a ninguém. Essa impressão mudaria depois da primeira operação. Os tripulantes iriam ver o nosso jeito de trabalhar, o nosso foco, determinação e isso tudo geraria orgulho em ter um grupo como o nosso trabalhando junto com eles, mas por enquanto continuávamos como os folgados do navio.

Depois do almoço íamos para uma sala de TV e livros onde podíamos assistir algum filme no DVD ou ler algum livro. Depois de um tempo começamos a trazer nossos próprios aparelhos de DVD para assistir na sala de torpedos, onde era nosso lar e ninguém podia entrar. Nosso comandante nos deixava à vontade para fazermos tudo isso porque ele sabia o quanto iríamos trabalhar durante a operação, então aquela era a hora de relaxar, ter uma certa calma antes do temporal.

Depois de uns dias em alto mar, a nossa mente começou a se preparar para a operação. Nossa inteligência já tinha passado nosso alvo e chegaríamos em 7 dias no local onde se encontrava um barco cheio de drogas que estava a caminho do México.

Durante esse tempo, preparamos as armas e o equipamento, para não acontecer nenhum tipo de erro ou alguma surpresa.

Nosso time se vestiu com o uniforme e as armas e saiu para a parte traseira do navio para preparar o movimento. Você precisa ficar em alto mar por um tempo até seu corpo se acostumar com o movimento do mar, e eu parecia um pato andando em uma cama elástica com alguém pulando do lado. Foi difícil se acostumar no começo e até teve dias que passei mal no início, me escondendo para vomitar longe deles.

O fato de treinar por 7 dias me ajudou a andar com todo o peso do equipamento e armas e tive sorte de ter todos esses dias para me acostumar. Durante esses dias, até chegarmos ao local, aviões voavam o tempo todo detectando o movimento do barco dos traficantes, mas isso não me surpreendeu tanto até eu ver que estávamos usando um submarino e até um satélite militar que tirava fotos do espaço. Quando eu vi o poder e tecnologia que havia atrás disso tudo, foi que me dei conta de verdade que eu estava fazendo parte da maior potência militar já vista na história.

No sétimo dia chegamos a 20 milhas do alvo para não sermos identificados e ficamos só vendo o barco no radar. Nosso foco era esperar até a noite e abordar o barco no escuro para ajudar na surpresa.

Almoçamos e verificamos as armas para ver se tudo funcionava, carregamos os carregadores com munição verificando uma por uma e preparamos nossos coletes com os equipamentos necessários. Depois do almoço alguns foram descansar, escrever e-mails para a família ou no meu caso, fui para a academia e fazer de conta que não estava nervoso. Na realidade eu não acho que estava nervoso, eu estava aterrorizado!

Aterrorizado não por ter medo de morrer ou acontecer algo comigo, mas por decepcionar o time ou fazer algo errado e alguém pagar pelo meu erro. Minha preocupação era fazer o que aprendi sem errar e ganhar a confiança do time.

Quando você começa num time, você é o penúltimo operador a entrar em uma abordagem. Normalmente o primeiro tem mais experiência e entra antes, seguido pelo resto do time com o mais novo em penúltimo e outro operador com experiência na retaguarda. E seria bem assim dessa vez, e eu tinha que me lembrar disso e não agir fora dessa ordem.

Às 06:00 p.m., eu fui jantar, mas o meu estômago queria vomitar de nervosismo. Eu sentei sozinho porque o resto do time estava descendo ou preparando algo e não tinha uma alma nesse refeitório que não via meu nervosismo. Eu suava e meu olhar estava distante, ensaiando a dança tática, como gostava de chamar, refletindo cada passo e tudo que poderia acontecer de errado, segundo por segundo, uma vez, duas, dez vezes, vinte vezes até eu achar que estava perfeito e depois jogando algum pensamento diferente que poderia acontecer e como eu iria reagir. Terminei de jantar e fui para a sala de torpedos, a nossa base. Lá eu me deitei no canto e dormi por umas horas até que fui acordado com alguém abrindo a porta e gritando para se preparar.

O barco que estávamos procurando mudou de trajetória bruscamente e a nossa preocupação era se eles nos haviam visto e estavam se livrando das drogas. A ordem chegou para nos prepararmos para abordar o barco antes do esperado. Foi aquela correria para se trocar e colocar o uniforme escuro, colete a prova de balas e mais o outro colete por cima com toda a munição pronta. Usamos a pistola 9 milímetros na perna direita e a munição na perna esquerda. A MK18, que seria como uma AR15, só que bem mais curta e automática e uma Remington 12, que alguns usavam caso precisasse abrir alguma porta. Uma escada retrátil tática, cortador de aço, uma serra a gasolina para cortar qualquer metal, marreta e uma chave universal que é como um pé de cabra tático para abrir portas também. Tudo isso era dividido entre os operadores conforme o seu lugar de entrada e eu levei a escada nas costas que era a mais pesada, claro.

Enquanto nos preparávamos, os marinheiros preparavam o barco inflável que seria usado para nos levar ao barco. Esse barco infalível fica do lado esquerdo do navio e é colocado no mar enquanto o navio está em movimento por meio de um guincho que o desce até a água. Somente dois tripulantes ficam no barco inflável enquanto ele é colocado no mar e nós esperamos até receber o ok do capitão desse barco. Isso tudo é feito com luz vermelha e no escuro para não mostrarmos o nosso local ao alvo. Nós nos alinhamos na beira do navio apontando as armas para o mar e carregamos. Esse barulho despertou todos que estavam ali trabalhando e realmente isso desperta qualquer um. Agora era a hora. O barulho de uma arma carregando e você sentindo que a munição entrou e está pronto para atirar é algo inexplicável, e foi ali, naquele momento, que os marinheiros reconheceram o nosso valor e que éramos a melhor ferramenta nesse navio para o combate as drogas.

Quando recebemos o ok do comandante, fomos descendo um por um até o barco inflável, isso tudo no escuro e usando uma escada de corda que parecia de um barco pirata. Eu fui o quinto a descer e essa escada parecia infinita. Ela batia contra o casco de metal do navio e olhando para cima dava pra ver o quanto esse navio era grande. Qualquer resvalo e eu cairia dentro do barco inflável quebrando algum osso ou cairia em alto mar a noite, afundando até o fundo sem chance de sobreviver. Não me dei

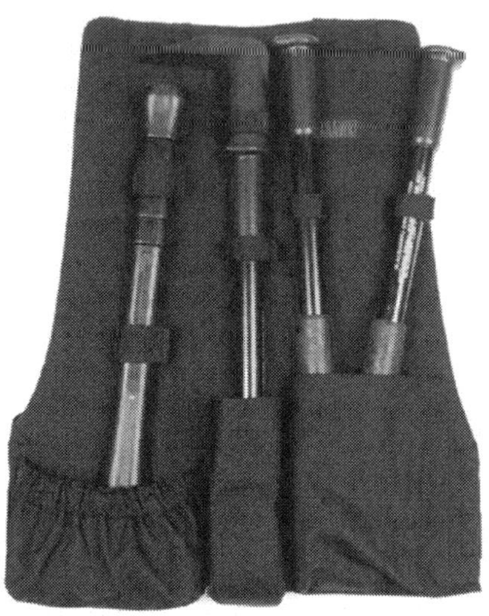

Maneta, chave universal e cortador de aço - Acervo Pessoal.

Escada retrátil - Acervo Pessoal.

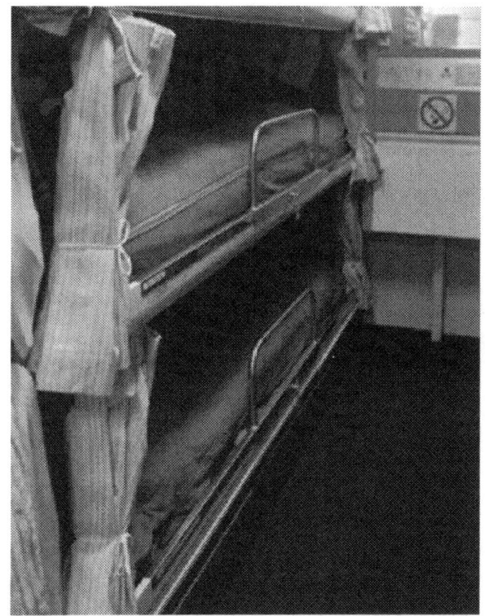

Dormitório da fragata - Acervo Pessoal.

Eu segurando 1kg de cocaína pura apreendida na
primeira missão - Acervo Pessoal.

conta do perigo porque queria descer essa escada o mais rápido possível para mostrar que eu fazia parte do time. Desci inteira e cheguei perto do barco inflável quando uma onda passou jogando o barco inflável para cima de mim e eu caí sentado nele, como se tivesse sido feito de propósito. Como estava escuro, eles não viram minha cara de dor! Imediatamente eu fui para o meu lugar, esperar o último descer. Quando todos desceram, o barco inflável foi desconectado e seguimos rumo ao alvo.

O barco inflável não tem radar, então os marinheiros do navio falam o tempo todo no rádio para ajustar o rumo. Olhei para trás e não conseguia mais ver o navio já que a noite estava muito escura. Deitado em cima do barco inflável no lado direito, eu só escutava o barulho do motor e o mar ao meu lado.

Andamos uma distância que pareceu uma eternidade, e conseguimos ver as luzes do barco alvo. Quando chegamos a 1 quilômetro de distância dele, falamos para o capitão abaixar a rotação do motor para não fazer barulho. Desligamos o rádio do barco e aos poucos, fomos chegando. Eu sentia o gosto e cheiro do mar, misturado com meu suor e a fumaça do motor à diesel do barco inflável. Foi nesse momento que eu consegui escutar o barulho do mar como nunca tinha escutado. As ondas passavam por baixo de mim e isso fazia o barco tremer, subindo cinco metros e abaixando cinco metros.

O barulho dessa onda no escuro me dá medo só de escrever, o poder do mar é realmente assustador e só me dei conta disso depois de estar em um barco inflável à noite no meio do nada. Lembro de ter fechado meus olhos por um instante e pedir a proteção ao meu anjo da guarda. Lembram dele? Pois é, o meu melhor amigo Michael e eu nos falamos todos os dias, mas escrever isso toda vez, fica até chato.

Senti a presença dele perto de mim e quando abri os meus olhos comecei a sorrir. Um sentimento de calma que é muito difícil de explicar, uma paz incrível que alguns podem dizer ser psicológico, mas eu acredito nele. Ainda bem que estava escuro porque achariam que eu tinha ficado louco na minha primeira operação com aquele sorriso "Colgate" de cara pintada.

O mar aumentou, começou a chover e isso atrapalhou um pouco mais a nossa visão. Quando faltavam vinte metros para chegarmos, vimos algum movimento e paramos nosso barco. Uma pessoa no barco olhou em nossa direção e notei que o meu parceiro o tinha na mira, destravou a arma e ficou esperando. Porém o tripulante olhou para outro lado e não nos viu. Estávamos todos sem respirar esperando o resultado desse encontro que não aconteceu, ele travou a arma e continuamos.

Quando chegamos ao lado esquerdo do barco as ondas estavam bem altas. O barco era pesqueiro e tinha em torno de 40 pés com redes espalhadas pelo casco.

O barco inflável subiu com uma onda e o primeiro operador pulou dentro do barco alvo. O segundo operador escorregou e deixou o primeiro sozinho no barco. Todos temiam algo assim: deixar algum de nós sozinho, mas na próxima onda o segundo pulou também e encontrou o primeiro que estava nos esperando para entrar.

Na terceira onda todos pularam dentro do barco e fomos para nossos lugares. Os dois primeiros foram direto para o comando do navio, os dois seguintes foram para a sala de máquinas, e eu e meu companheiro fomos para o quarto onde os tripulantes estavam dormindo. Os dois primeiros renderam o capitão, sem ele gritar ou dizer nada, tudo em silencio Os dois da sala de máquinas não encontraram ninguém e eu acabei acordando cinco tripulantes, aos gritos de "manos arriba". Lembra do nosso ditado? Velocidade, Surpresa e Violência? Surpresa foi a entrada pois ninguém nesse barco imaginava que, no meio da noite no escuro no meio do nada, alguém os acordaria com armas apontadas. Eles eram, em sua maioria, pescadores e nunca em suas vidas imaginaram algo assim. A Velocidade estava na tomada do barco ao mesmo tempo, ao tomar conta da cabine do comandante antes de tudo, junto com a casa de máquinas os quais eram os únicos dois lugares onde o barco pode ser controlado, e segundos depois, o controle da tripulação. A Violência na ação estava nos nossos gritos, na luz e em todos serem jogados ao chão ao mesmo tempo. Algemei todos, colocando colete salva vidas, caso algum deles caísse em alto mar, já que uma vez preso, ele é de nossa responsabilidade. Todos foram levados para a parte da frente do barco onde poderiam ser observados. Acendemos as luzes externas do barco e começamos a procurar drogas no barco.

Como eu era o mais novo membro do time, meu trabalho foi procurar no compartimento onde estavam armazenados os peixes. Logo deu para perceber que eles não estavam ali para pescar porque havia apenas peixe suficiente para o consumo deles e as redes pareciam não terem sido muito usadas. Um barco pesqueiro como esse que estava a uma semana em alto mar navegando no sentido norte, deveria ter muito mais peixe do que encontrei. Fui logo tirando tudo do caminho para verificar se tinha algum compartimento escondido onde a droga pudesse estar escondida e isso demorou horas de trabalho.

Enquanto eu procurava ali, outro membro do time estava procurando na casa de máquinas verificando os tanques inclusive se tinha algum falso. Permanecemos no barco muito tempo e já estava amanhecendo. Eu me lembro claramente do cheiro de peixe e do óleo do barco em todo meu uniforme.

Estava ansioso, pois se não encontrássemos a droga, não poderíamos terminar a operação.

Dois membros estavam com o capitão do barco navegando em uma rota determinada e os outros dois ficavam de olho nos tripulantes. Eu estava no porão escuro, movendo peixes e gelo para todo lado a procura de algum vestígio e o meu companheiro estava na sala de máquinas verificando os tanques com paredes camufladas.

Outro membro do time utilizou um kit de evidencia e coletava amostras de todos os lugares do barco para verificar se havia vestígios de drogas. Ele passava um pedaço redondo de papel próprio para isso em vários lugares do barco guardava material em sacos plásticos, escrevendo o local que foi retirada a amostra. Depois disso ele partiu de volta ao navio da marinha para analisar no equipamento se haviam os vestígios nas amostras.

Quando ele voltou, nos informou que os vestígios mais fortes estariam nos quartos onde os tripulantes estavam dormindo e a nossa busca focou nesse local. Reviramos as camas, e de repente, no chão encontramos a tampa de um compartimento revestido com uma massa nova e parafusos novos. Olhei para meu parceiro e o sorriso dele confirmou o que eu achava, que ali deveria ser o local do esconderijo.

Retiramos a tampa e lá estava! Malotes quadrados feitos com sacos de grãos pretos, empilhados como um quebra-cabeça. Tirei o primeiro saco e abrimos, dentro havia 25 pacotes de 1kg cada com uma substância branca amarelada. Meu parceiro fez o teste colocando uma quantia em um sache, onde havia duas ampolas que ele quebrou, misturou a amostra e verificou a cor que resultou: surgiu um azul bem forte e isso constatou que era cocaína.

Enquanto isso os tripulantes estavam calmos no convés do navio, talvez achando que não íamos encontrar nada. O nosso comandante pediu para tirarmos as suas algemas logo depois de nos assegurarmos que o barco não tinha armas e estava seguro. Então eles ficaram mais tranquilos, deitados, contando piadas e rindo como se fosse mais um dia comum em suas vidas. O sol já tinha nascido e eles desfrutavam desse calor no rosto completamente desatentos ao que estava acontecendo. Foi então que levaram um susto, na verdade não tão grande quanto o da noite anterior, mas foi um belo susto quando eu vim correndo, com todo o meu entusiasmo e gritei "CO-CAAAAAA, MANOS PA ARRIBA PUTOS".

Meus parceiros não sabiam como esconder os risos e sorrisos enquanto algemavam todos os tripulantes. Não sei o que deu em mim de gritar daquele jeito, mas essas palavras marcaram o resto da minha carreira com o grupo tático. Tiravam sarro disso toda vez que me viam pelos corredores do escritório.

A partir de agora, os tripulantes passaram a ser traficantes e foram transferidos para o navio da marinha com dois de nossos operadores. Eu, como o novato, fiquei para entrar naquele buraco como um rato e descarregar toda a cocaína.

Conseguimos parar o barco ao lado do navio e amarrá-lo para facilitar no desembarque. Fui tirando saco por saco do interior e passando para o lado de fora. Parava um pouco para respirar e voltava ao buraco. Para ficar mais fácil, agora estava sem colete e sem armamento, porem todo molhado de suor e de todo tipo de líquido encontrado ali.

Demorei umas quatro horas para retirar tudo e o dia já estava quase acabando. Não parei para comer, somente para tomar água, porque estava preocupado em ter que trabalhar no escuro ou o mar ficar mais alto e agitado. No total foram 100 sacos de cocaína, ou seja 2 toneladas e meia de cocaína pura com um valor de rua em torno de 87,5 milhões de dólares.

No navio, os marinheiros que não haviam ido muito com a cara dos "folgados" (nós), agora tinham um outro olhar bem diferente em nossa direção. Eles se sentiam parte do time e festejaram a apreensão que ficaria para a história do navio. Eles viram que saímos do navio a noite e trabalhamos a noite toda em mar alto para cumprir a operação com sucesso. Viram que nosso grupo mesmo desgastado, suado e acabado, continuava a trabalhar até o último saco de drogas ser retirado. Quando terminei, subi as escadas quase desgastado e tive que parar em cada degrau para respirar. Os marinheiros me incentivavam a subir com calma, falando "bom trabalho irmão". Eu cheguei ao topo e abracei alguém, desgastado e fui até o nosso lar, a sala de torpedo, aonde agora tinha 2 toneladas e meia de drogas! Sentei e me trouxeram comida e bebida. Meus músculos travaram e fiquei ali por um bom tempo.

Tirei minha roupa e fui tomar banho. Os marinheiros até saiam do caminho para me deixar passar. O engraçado é que estava me achando o tal, mas na realidade eles estavam fugindo do cheiro de peixe e da gasolina que exalava do meu corpo e da minha roupa.

Tomei banho e capotei no meu beliche achando que ia conseguir dormir, mas não foi bem assim. Meu corpo estava cansado, mas a minha mente estava a mil por hora. Depois descobri que a cocaína pura sai pelos buracos dos sacos e entra em contato com nosso corpo, e aos poucos pode entrar pelos poros e nos deixar completamente acesos. Acho que foi isso que aconteceu porque me revirei na cama a noite toda e não dormi.

No dia seguinte eu parecia um zumbi. Tudo doía no meu corpo e parecia que um trator tinha passado por cima de mim. E ainda tínhamos que contar cada quilo de cocaína e registrar tudo. Além disso esperávamos a autorização do governo colombiano para destruir a embarcação já que tinha bandeira colombiana. Quando você faz uma apreensão em alto mar, se torna responsável pelo barco e como estávamos distantes a dias da costa, a melhor coisa seria afundar o barco para não virar um risco de navegação. Um barco a noite sem luzes pode ser acertado por um cargueiro e causar danos irreversíveis, é muito perigoso.

A ordem chegou informando que a Colômbia não iria buscar o barco então nossa missão seria de afundá-lo. Falamos com o capitão da marinha e recomendamos que usassem esse barco como alvo para praticar com seus canhões etc. Os marinheiros adoraram a ideia e começaram a fazer um exercício de guerra para afundar esse barco usando o canhão, metralhadoras e o que tinham no arsenal. Foi divertido ver a felicidade deles em atirar em algo para afundar. Mostrou o poder que um navio como esses pode ter, mesmo sendo um navio de suporte e sem capacidade grande de entrar em conflito.

Passamos o dia contando drogas e registrando cada pacote. Limpamos as armas, equipamentos e deixamos tudo preparado para a próxima. Falamos sobre a missão e tudo que deveria ou poderia ser feito da próxima vez, todos os erros cometidos e usamos tudo como base para melhorar nas próximas.

Não existe um método correto ou um método padrão de fazer uma operação como essa, tudo pode mudar. A melhor coisa a se fazer, é se preparar para tudo que vier e o único jeito de fazer isso é com experiência. Sempre falamos sobre a operação antes de começar e quais vão ser as responsabilidades, mas temos que estar prontos para mudar. No caso dessa operação, a ordem de entrada foi alterada pela situação do mar, mas isso não atrasou ou comprometeu nossas táticas, simplesmente ajustamos e continuamos. Como se você estivesse em um time de futebol e numa determinada situação teve que sair da sua posição de zagueiro e correr para a posição de atacante. O time não para e pergunta o que você está fazendo, mas segue o jogo da melhor forma para conseguir um gol.

Os traficantes foram presos e colocados em um corredor do navio com cortinas para isolar a área e ficávamos 24 horas por dia na frente deles fazendo a segurança. Cada um de nós ficou lá por 4 horas até que foram transferidos na nossa próxima parada. Eles ficaram algemados por uma perna e tinham direito a andar e a tomar banho uma vez por dia.

Eu tinha a impressão que eram todos criminosos e sentia raiva pelo que eles faziam. Durante o meu período com eles eu notei que a maioria eram pescadores e pessoas muito simples. Eles estavam apenas tentando sobreviver e o transporte de drogas foi a maneira de conseguir fazer mais dinheiro. Claro que em todo grupo tinha o profissional, aquele que ia junto com a droga e tinha mãos limpas e cortes de cabelo diferente do resto dos pescadores. Era esse quem eu desprezava por fazer esse tipo de trabalho e comandar as tripulações pesqueiras com punho de ferro. Muitos faziam parte dos cartéis de drogas mais perigosos do mundo inclusive com assassinos entre eles com treinamento paramilitar, e eram esses que nos preocupavam mais.

Dias depois um navio da Guarda Costeira Americana que estava transitando pela área veio buscar os traficantes para serem entregues a DEA (*Drug Enforcement Administration*) no Panamá. Nós continuamos por vinte e cinco dias em alto mar procurando traficantes e voltamos para nossa base em Miami.

16
EU, SUBMARINO!

No retorno de uma missão eu sempre sentia um sentimento estranho como se algo estivesse faltando. Eu acordava durante a noite sem saber onde estava e, a cada barulho estranho, diferente dos barulhos da missão, me alertava. Nessa época eu ainda não tinha traumas por ser minha primeira missão, mais tarde isso mudaria e transformaria esse sono apenas leve em pesadelos constantes que ainda me afetam de vez em quando, principalmente enquanto eu escrevo essa parte do livro. Sei que de agora em diante os pesadelos irão começar, mas estou me preparando para isso e consigo controlar melhor as reações.

Eu treinava em casa constantemente os movimentos e queria ser o melhor, como tudo na minha vida, sempre querendo superar a mim mesmo e fazer o melhor todos os dias. Eu sou viciado em superar algo e depois que supero me sinto no dever de atingir um nível mais alto ou mudar de ramo.

Tivemos 30 dias na base antes da próxima missão e esse tempo foi usado para treinar e se adaptar para o que estava por vir. A próxima missão nos levaria ao Caribe a procura de lanchas velozes chamadas de Go-Fast que possuíem vários motores como os de corrida atingindo velocidades bem acima dos navios de guerra da marinha. Essas lanchas rápidas só podem ser paradas por atiradores de precisão a bordo de helicópteros militares. Nosso trabalho nessa missão seria abordá-las, após serem paradas pelos atiradores. Para se preparar para a missão, treinamos a parte aérea e então fui enviado para o treinamento chamado *Dunker School* na Base Naval de Mayport na Flórida para me qualificar como observador aéreo. O observador aéreo é necessário dentro de um helicóptero da marinha porque ele vai ser o único oficial federal nesse helicóptero e é ele que determina o que a aeronave deve fazer durante a operação. Ele também vai documentar todo o processo para que possa ser usado na corte durante o julgamento.

O meu treinamento foi bem rigoroso. Eles ensinaram como reagir caso o helicóptero caísse no mar. Pelo motor estar na parte superior do helicóptero, quando ele atinge a água, ele rola de ponta-cabeça e, sem o treinamento, você provavelmente morre ou dificulta a fuga dos outros tripulantes. O treinamento começa em uma cadeira semelhante à do helicóptero onde você coloca o cinto de segurança como é comum durante o voo. Eles te viram de ponta-cabeça e você precisa tirar o cinto e sair da piscina antes de se afogar. Depois de várias vezes nesse treino da cadeira, você faz outro onde você precisa passar por um pequeno labirinto submerso, mergulhar de capacete e todo o uniforme e sair desse labirinto abrindo portas etc. Esse treinamento requer calma embaixo d'agua e faz pensar no que precisa ser feito antes de entrar em pânico.

No último e mais difícil teste, você entra em uma cabine que simula um helicóptero, com lugar para o piloto e copiloto e a tripulação na parte traseira. Como eu fazia parte da tripulação, eu fiquei na parte traseira. Esse simulador cai na água e rola de ponta cabeça para que você sinta o resultado da queda em alto mar. O importante nesse treino é esperar a cabine toda encher de água, sem entrar em pânico, e depois de estabilizar, retirar o cinto de segurança e sair por uma das saídas. Até aí foi tudo bem pois sempre fui muito confortável na água.

Meu problema aconteceu quando eles falaram que teríamos de usar vendas e eram eles que escolhiam quais as saídas estariam abertas, sem que soubéssemos. Em outras palavras, imagine a situação de várias pessoas querendo sair de uma cabine ao mesmo tempo, no escuro e ainda ter que procurar qual a saída estaria aberta. Quando o simulador gira de ponta-cabeça, a reação do corpo é de rolar ficando com as pernas ou barriga para baixo, e isso inverte tudo, colocando todas as saídas da direita na esquerda e vice e versa. Você leva chute de todo lado e começa a entrar em pânico e é isso que eles querem. Muitos não passam no teste e precisam fazer novamente. O importante é ficar calmo. Eu já sabia que conseguia aguentar embaixo d'agua por uns 30 segundos em movimento e com a adrenalina bombando, então resolvi esperar todos saírem para ser o último e sair com calma. Funcionaria perfeitamente se eu tivesse seguido ou pelo menos contado os segundos. Vedado sem poder ver e a água gelada entrando com força, minha primeira reação foi de tirar o cinto, só que eu fiz isso antes de estabilizar e a água me jogou para o outro lado da cabine. Devo ter rodado umas três vezes e foi aí que o pânico chegou por não saber se eu estava virando para cima ou para baixo e qual direção eu estava. A água já tinha entrado pelo nariz e o capacete começou a puxar a cabeça para cima já que ele é feito para flutuar. Eu tentei tirar o capacete, mas o instrutor mergulhador não deixou. Nesse momento eu parei e meu corpo aos poucos flutuou até a parte de cima da cabine (que nesse caso era o solo) e fiquei tres segundos pensando para onde eu iria. Quando parei, o mergulhador achou que eu tinha desistido e me tirou da cabine como um torpedo. Eu saí da água parecendo uma baleia quando salta só que no meu caso eu puxava o ar para dentro e não para fora, como a baleia. Tirei meu capacete, mas esqueci de abrir o olho e claro que ainda não conseguia ver nada, até o instrutor gritar "abra seu olho Mariani". Foram risadas para todos os lados e é claro que eu falei que estava brincando.

Fiz o teste novamente e dessa vez fiquei esperando toda a água entrar para depois decidir como sair da cabine, e foi até fácil, mas meu apelido de "submarino" permaneceu durante esse treino.

SIKORSKY MH-30 - Helicóptero da Marinha Americanda que usei durante
umas operações - Acervo Pessoal.

17

GO FAST, FAST

Depois de vários dias de treino, dirigi de volta para casa para relaxar no fim de semana antes da viagem. Nesse tempo eu não tinha muitos amigos porque tinha acabado de me mudar e passava meus dias dirigindo pelas cidades de Deerfield Beach e Fort Lauderdale. Eu gostava muito de ir à praia e ficava horas por lá sozinho pensando na vida e conversando com o meu anjo da guarda. Preparei meu equipamento e partimos para a minha segunda missão. Na segunda-feira partimos para a Colômbia onde encontraríamos um navio britânico que estava fazendo uma patrulha pelo Caribe. Saímos de Miami e o nosso destino foi a cidade de Cartagena.

Essa cidade tem uma parte que é praticamente uma ilha que é razoavelmente segura se comparada com outros lugares. Têm restaurantes, bares e vários turistas do mundo inteiro a visitam. Em uma cidade como essa, nosso grupo pode se dividir e se misturar com o resto dos turistas. Logo que chegamos fomos direto para o porto onde o navio atracou um dia antes para buscar sua carga mais preciosa, os "folgados" da TACLET.

Nossas armas já estavam no navio nos esperando e só estávamos com os equipamentos, então fomos direto do aeroporto para o porto, sem chance de conhecer a cidade.

Demos de cara com o monstruoso navio tanque que praticamente serve para abastecer outros navios da marinha britânica e americana que frequentam o Caribe. Esse navio tem 196 metros, bem maior do que a fragata e bem mais lento.

Ao entrarmos imediatamente notamos que a tripulação era bem menor e não éramos bem-vindos. Depois eu descobri que esse navio pertencia a frota auxiliar da marinha e não atuava diretamente em confrontos, servindo somente como suporte. Por conta disso, o treinamento de todos no navio era extremamente limitado a operação e navegação.

Fomos levados para o lugar aonde ficariam nossas armas e equipamentos, e depois para nossas "acomodações". Falo acomodações porque era realmente uma cabine para cada um de nós. Cada um tinha seu próprio quarto e um banheiro dividido entre dois quartos. Isso era algo fora do comum, e tinha até televisão. Agradeci em voz baixa por estar nesse lugar maravilhoso e saímos todos de lá com um sorriso enorme. Fomos conhecer o comando e entender mais sobre o navio e como se locomover.

Horas depois partimos para a nossa missão no Caribe. Eu fiquei na parte superior e de lá conseguia ver Cartagena até perder a terra de vista. O navio era um espetáculo e pelo tamanho não dava para sentir muito o mar como aconteceu no anterior. A fragata é pontuda para ter mais velocidade e move bastante com mar alto, já esse monstro passa por dentro da onda mesmo e nem mexe, ainda mais que ele estava cheio de diesel com o peso máximo de navegação.

Nosso dia a dia nesse navio era acordar em qualquer horário e ir à academia, depois tomar banho e almoçar. Por se tratar de um navio britânico, não tínhamos que ficar atentos ao sistema secreto, já que nesse navio não havia esse sistema. Então o único jeito de nos acharem, seria chamando pelo intercâmbio. Nessa viagem eu consegui ler vários livros e estudar para a minha próxima promoção. Treinamos bastante o movimento do time e a transição de armas pois tínhamos bastante espaço para fazer nossos treinos. Os tripulantes trabalhavam quietos e não falavam muito com nosso time até um deles descobrir que eu era brasileiro.

Quando ele descobriu que eu era brasileiro avisou todos os outros e começaram a falar comigo sobre futebol. Pena que eu não assisto, nunca assisti e nem gosto muito do esporte para saber algo sobre e eu só ria ou inventava algo. Notei que teria que fugir deles por sessenta dias para não ter que falar de futebol, então passei bastante tempo no meu quarto ou na academia enquanto a tripulação trabalhava. Meu foco era melhorar sempre para que, quando fosse a hora de atuar, eu estivesse sempre pronto.

Uma coisa interessante sobre esse navio é que eles paravam de ilha em ilha a cada 10 ou 15 dias e com isso visitei todo o Caribe entre essa missão e a outra que fiz uns anos depois na mesma área. Depois de 15 dias paramos na primeira ilha britânica e lá foram dois dias de festa, pois enquanto eles paravam, não tínhamos que trabalhar. Dava até a sensação de que estávamos de férias e aos poucos, você chega até esquecer o que está fazendo nessa missão. Mas, num belo e esperado dia, chegou uma mensagem que três lanchas rápidas tinham saído da costa Colombiana rumo norte. Nosso navio estava na rota e começamos a nos preparar para a missão caso tivéssemos a sorte de encontrar uma dessas lanchas em alto mar.

O nosso navio também tinha um grupo de oficiais da marinha britânica com um helicóptero chamado Linx.

Esse helicóptero é um dos mais rápidos e todos nós tínhamos vontade em subir com um desses, ele é a Ferrari dos helicópteros. O grupo de oficiais começou a preparar o helicóptero e o deixou pronto para poder voar o mais rápido possível. Eu fui conversar com eles sobre a operação e informei que seria a pessoa encarregada da operação aérea caso tivesse necessidade. Durante a nossa conversa o alarme tocou e sai correndo para me preparar enquanto eles preparavam o helicóptero. Peguei o rádio para me comunicar com o meu comando e me falaram para lançar o helicóptero que teríamos as coordenadas assim que estivesse no ar.

Fui até o meu quarto me trocar pois eu estava sem o uniforme correto, peguei meu equipamento e lá fui para o hangar. No

Voando de helicóptero no Pacífico em 2004 - Acervo Pessoal.

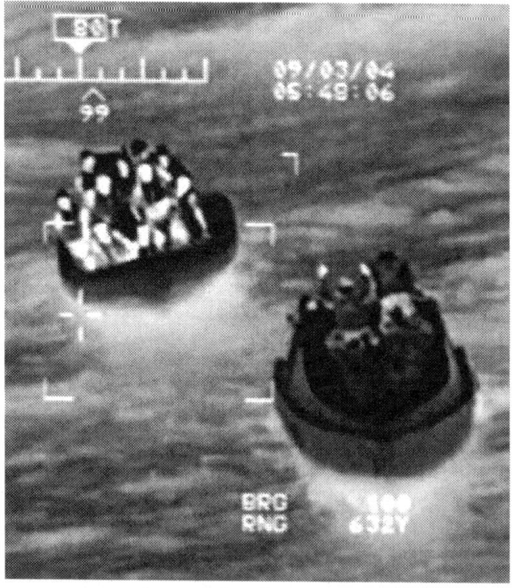

Abordagem noturna de uma lancha com contrabando de drogas -
Foto de treinamento - Acervo Pessoal.

Helicóptero LYNX - Sgt. Christopher Q. Stone [Public domain]

RFA WAVERULER - Navio Britânico - Flakeyswilson at English Wikipedia [Public domain]

Lancha perseguida pelo nosso helicóptero com mais de uma tonela de cocaína - Acervo Pessoal.

caminho me dei conta de uma coisa, eu nunca tinha voado de helicóptero. Senti uma dor de barriga imensa e corri para o primeiro banheiro mais perto. O corpo reage a certos perigos de forma eficaz e conforme o instinto, uma das reações é se livrar de produtos tóxicos caso tenha alguma perfuração na sua barriga atingindo os intestinos, e por conta disso o nosso corpo tenta se livrar das fezes quando entramos em perigo ou algo acontece, como um acidente de carro etc. Por conta disso, meu corpo bem espertinho se tocou que eu nunca tinha andado de helicóptero e fez o favor de se livrar de tudo antes, vai que eu me borre todo no voo… obrigado "corpitcho"! Depois de soltar os "torpedos" no vaso sanitário (como falamos no meio militar) ou de " lançar as lanchas para o ataque anfíbio" no vaso sanitário, eu fui correndo e suando para o helicóptero. Chegando lá eu escondi meu olhar de pânico e troquei por um olhar de guerreiro, afinal eu já havia feito isso umas mil vezes. Coloquei meu capacete como tinha visto milhares de vezes o Tom Cruise fazer no Top Gun, meus óculos "quaseban" (raiban paraguaio) que eu tinha e lá fui eu, só faltou o palitinho de dente que no próximo voo eu já tinha pensado em levar. Eu tinha aprendido como reagir dentro do helicóptero, como me comunicar, até como cair, mas nunca tinha voado, mas enfim… o importante é atuar como se sabe tudo.

O helicóptero saiu como uma bala e nesse instante, eu dei graças a Deus por ter ido ao banheiro e literalmente, falei isso em voz alta, "Puuuuuuuuuutaaaaaaaaqueeeeeoooopariiiuuuuuuuu, obrigado Deus por eu ter cagaaddoooooooo".

O problema surgiu porque meu microfone estava aberto e todos escutaram, só que ninguém sabia falar português. Quando o piloto perguntou o que foi aquilo, eu disse que não tinha sido nada. Mal eu sabia que tudo era gravado e levou somente 2 dias para eles descobrirem o que eu havia falado. Tinha um filho de português na tripulação e quando ele traduziu a minha fala, quase se afogou em um pedaço de pão durante o almoço. Ele ainda foi tão gente boa que ensinou todos a me chamar de cagão.

Assim que subimos, o comando chamou no rádio e falou para onde direcionar. Voamos por uns 20 minutos em uma altitude para não sermos identificados e conseguimos ver no mar verde, o risco de uma lancha que tinha passado por ali. Seguimos esse risco e logo vimos a lancha em velocidade indo em direção ao nosso navio. Ficamos posicionados atrás da lancha em uma altitude de 300 metros e a uma distância de 1000 metros, observando e passando as coordenadas para o comando. Nosso trabalho ali era observar e esperar o comando, e eu não via a hora de voltar para encontrar o meu time e me preparar para abordar essa lancha.

Continuamos seguindo a lancha lá do helicóptero e conseguimos ver o nosso navio. Eu pensei que a lancha tinha visto o navio, mas por eles estarem tão próximos do mar e com pouca visibilidade seria difícil ver algo naquela distância. Eu chamei no rádio e pedi para que o nosso navio virasse de frente para nossa direção para se esconder ainda mais e parecer como qualquer outro cargueiro transitando pela área.

As lanchas sabem que não conseguem ser identificadas por radares de navios se estiverem numa distância de 5 milhas e quando eles notam algum navio suspeito, eles param, colocam uma lona da cor do mar sobre a lancha e esperam a noite para sair do lugar. Essa informação também foi passada para nosso grupo de inteligência na Colômbia antes dessa missão e a ordem era mostrar a posição do navio uma vez que eles chegassem a uma distância de 8 milhas, forçando-os a parar a lancha e se esconderem.

Quando estavam quase a essa distância, nosso helicóptero subiu para 600 metros e nos escondemos, bem afastados deles, só observando. Quando a lancha chegou a 6 milhas eles pararam e notamos que colocaram a lona. Marcamos o lugar no nosso radar que foi transferido para o radar do navio e voltamos, dando uma volta enorme para não sermos vistos e aterrissamos o helicóptero.

Ali estávamos com o nosso navio parado no horizonte e eu imaginava eles olhando por debaixo da lona achando que não tinham sido detectados. Mal eles sabiam que meu time já estava se preparando e só me esperavam para lançar o barco inflável.

Cheguei correndo e o meu time já estava preparado com todo equipamento. Eu estava com meu macacão de voo e nem troquei de uniforme já que a operação seria durante o dia. O comandante do nosso time explicou como seria a operação enquanto eu me preparava colocando os coletes, munição, armas, faca e pintando o rosto. Quando terminei fomos até o barco inflável que estava sendo abaixado, entramos nele e um de nossos operadores o dirigiu pois não poderíamos arriscar a vida de um tripulante britânico nessa operação. Tivemos que dar uma volta enorme, que levou mais de uma hora para ficarmos posicionados na parte de trás e colocarmos a lancha entre nós e o navio. O mar calmo estava verde da cor de uma esmeralda colombiana e eu deitado no barco inflável de barriga para baixo verificando cada detalhe do meu equipamento. O sol batia forte e eu sentia a queimadura atrás do pescoço. Cada pequena onda que passava pelo lado, eu encostava a minha mão no mar como se estivesse me comunicando com ele, fazendo minhas pazes e ao mesmo tempo, agradecendo a Deus por estar ali. Comecei a falar em voz baixa com meu anjo da guarda e pedir que me guiasse nessa operação. Um peixe voador subiu para fora da água ao meu lado e voou bem próximo do nosso barco até mergulhar novamente. Essa foi a primeira vez que eu tinha visto isso e considerei como um sinal, meu Michael estava comigo.

Meu corpo amoleceu e não fiquei mais tenso, pois me senti invencível e sabia que tudo ia dar certo. Olhei para o lado com um sorriso Colgate branco enorme e meu time me olhou com um olhar estranho. Imagine eu de cara pintada, mais de uma hora no sol, molhado de suor e do mar esperando chegar a hora de atuar sorrindo como um louco e como se nada estivesse acontecendo. Bom, depois dessa operação meu comando me mandou para o psicólogo que me liberou com um sorriso quase igual ao meu.

Quando estávamos quase próximos, paramos o nosso barco para ver a direção do vento. Para nossa sorte, o vento vinha da direção da lancha e isso ajudaria no barulho de nosso motor. Com isso, conseguiríamos chegar rápido sem ter que ir aos poucos.

Mudamos de posição já que seria uma abordagem rápida. Os dois na frente do nosso barco se deitaram, atrás deles eu e mais dois ficamos de joelhos, e atrás de nós, os outros ficaram em pé. Isso serve somente na abordagem inicial, para ter o máximo de poder de fogo possível em uma só direção e depois disso todos se levantam.

Chegamos rápido com a lancha do nosso lado direito dianteiro. Batemos nosso barco inflável na lancha e um de nossos operadores puxou a lona. Demos de cara com três traficantes que dormiam deitados em cima dos malotes de cocaína. Eles não tiveram tempo de pegar armas ou de levantar-se, porque três de nós caímos de pé em cima deles gritando. O olhar no rosto do que eu peguei foi inesquecível. Ele olhava e piscava sem saber o que estava acontecendo. Não respondia aos meus comandos porque ele não sabia onde estava. Com um pé no pescoço, ele despertou e seguiu tudo que falei sem problema algum. Os outros também seguiram as instruções e foram detidos.

Transferimos os três para o nosso barco inflável e enquanto eles voltavam para o navio britânico, eu e dois de nosso time ficamos na lancha para verificar tudo. Ao total foram 60 malotes de 25 quilos cada com um total de uma tonelada e meia de cocaína pura com o valor em torno de 52 milhões de dólares. O bote inflável voltou e transferimos a droga. Furamos os tanques externos de gasolina da lancha para que encharcasse a parte interior. O nosso barco chegou perto e pulamos nele, ao mesmo tempo que um de nossos operadores jogou um sinalizador de fogo dentro, fazendo com que a lancha pegasse fogo e logo depois quando estávamos longe, explodiu. Esperamos a lancha afundar para ter certeza que não seria um perigo para a navegação local e seguimos nosso rumo. Dias depois um navio da Guarda Costeira veio buscar os detidos e os levaram para Cuba esperar extradição para os Estados Unidos. Dois meses depois voltamos para a base de Miami prontos para se preparar para a próxima. Tivemos mais três operações sigilosas nessa região e, portanto, não posso divulgá-las.

18
IRAQUE

Ao voltarmos do "cruzeiro" britânico, eu pedi para ficar uns dias em casa e organizar a minha vida. Nesse tempo eu morava na casa dos meus tios e queria um lugar próprio. Um amigo da Filadélfia chamado Pedro resolveu se mudar para a Flórida e decidimos morar juntos em uma casa alugada na cidade de Coconut Creek. A casa tinha dois quartos e ficava em uma comunidade bem tranquila com um lago atrás de nossa casa. Pedro estava se mudando para tentar a vida no Sul da Flórida considerado um paraíso se comparado com o frio do norte do país. Ele achou um emprego antes de se mudar e chegou algumas semanas depois.

Eu peguei minhas coisas que estavam na casa dos meus tios e me mudei. Mal sabia que não iria morar muito nessa casa, pois Pedro teve que voltar para cuidar da mãe que tinha ficado doente na Filadélfia.

Depois da mudança e de me situar na nova casa, eu retornei ao trabalho e me dei conta do novo uniforme que meu time estava usando. Agora usavam o uniforme camuflado do deserto, o que significava que a nossa próxima missão seria no Oriente Médio.

Peguei o meu uniforme e fui correndo para o banheiro para me trocar e ver como ficou. Achei o máximo e senti um certo orgulho de estar andando pelo escritório com esse uniforme, mostrando a todos onde seria minha próxima missão. De peito estufado, orgulhoso pelo uniforme, eu andava para todos os lados da base me achando "o cara", mas no fundo estava nervoso em saber que iria para aqueles lados do mundo aonde tínhamos perdido um irmão em 2004 nesse mesmo time.

Nosso treinamento mudou para atender a essa demanda e nossas armas receberam um "upgrade". Nossa MK 18 agora tinha uma mira eotech e lanterna surefire, fato que, nesse tempo, somente grupos de operações especiais americanos usavam. Começamos a estudar os grupos terroristas, como eles operavam, seus movimentos e tudo que a inteligência poderia nos mandar.

Treinamos pela primeira vez em operações terrestres no deserto e tivemos treinamento antibombas. Fui para uma escola para aprender a interrogar prisioneiros e lá aprendi a ver quando uma pessoa está mentindo. Hoje eu percebo como esse treino me atrapalhou na vida pessoal, pois eu notava quando alguém estava mentindo entre meus amigos e familiares e eu tinha que ficar quieto, mesmo sabendo da mentira, sem poder falar ou confrontar. Acho que é por isso que, até hoje, quando eu pergunto algo para alguém, eu olho para outro lado. Todos humanos mentem, eu incluído, isso é comum, e na maioria das vezes são coisas pequenas e estúpidas que não tem necessidade, mas saber da mentira atrapalha relações e você acaba julgando as pessoas. Se não for algo sério, ou algo que eu precise em uma negociação, eu prefiro nem saber.

Voltamos a treinar muito na água pois foi um ataque marítimo que matou um de nós naquele dia em abril de 2004. Estávamos preparados para tudo. Um de nossos instrutores foi a pessoa que esteve no ataque, ele foi a pessoa que ficou flutuando com o corpo de Nate no mar por quase uma hora até o resgate chegar. E esse instrutor nos ensinou a colocar espumas ou algo que flutuasse em qualquer parte de nosso uniforme para ajudar caso tivéssemos na mesma posição que ele esteve. Ele foi duro, mas todos respeitaram e cumpriram o treinamento conforme seu comando, sempre respeitado por todos, mesmo aqueles do time que tinham cargo mais alto que o dele. Isso é algo que eu sempre gostei nos times: não interessa a sua posição, oficial ou não, quem comanda é quem tem mais tempo dentro do time e mais experiência.

Nossos treinos duraram em torno de 2 meses e o dia de partir finalmente chegou. Para nossa surpresa, o nosso instrutor que esteve no atentado, pediu para o comando se ele poderia ir com o nosso time 403, que voltava pela primeira vez para o Iraque nessa operação. O comando não teve como negar e ficamos honrados em fazer essa missão ao seu lado.

Cheguei em casa à noite e falei para minha tia que iria viajar para mais uma missão. Não falei para onde, mas eles devem ter notado pelo uniforme que eu estava usando. Liguei para minha mãe que morava na Filadélfia e comentei que iria viajar a treino para algum lugar e que logo voltaria. Eu não gostava de lhe preocupar e então mentia sobre as minhas missões. Agora ela só vai realmente descobrir depois que ler tudo isso.

Em uma bela manhã de sábado, carreguei todo meu equipamento no meu carro e parti para a base em Miami. Carregamos uma van que iria nos transportar para o aeroporto, estacionamos os nossos carros em um lote reservado para os carros de operadores que estavam viajando e partimos para o aeroporto. Como as outras operações, viajávamos em voos comerciais como turistas e no caso dessa operação iriamos fazer escala em Nova York e pegar um voo para Amsterdam na Holanda. Ao total, foram 12 horas de voo incluindo a escala em NY.

Chegamos em Amsterdam no dia seguinte, cansados e fomos direto ao hotel. Tínhamos um dia de descanso e quando você coloca nove operadores que sabiam que iam ficar 3 meses sem beber e no meio do deserto, adivinha o que acontece? Eles bebem até cair e chegam com a maior ressaca do mundo no aeroporto no dia seguinte. Dessa vez não foi diferente e após chegar no hotel, foi uma correria para tomar banho, se trocar e sair o mais rápido possível. Ainda era de manhã e o maior problema foi achar algum bar aberto naquela hora. Começamos a beber às 10:00 a.m. e acho que terminamos de madrugada no dia seguinte. Lembro ter sido expulso de vários bares e não lembro como chegamos no hotel. Pela manhã, o nosso comandante do time veio arrancar todos da cama e fomos rumo ao aeroporto. O cheiro de álcool na fila de espera deveria estar tremendo e nós riamos uns dos outros contando piadas e relembrando da noite anterior.

O nosso voo saiu de Amsterdam para o Kuwait e demorou um pouco mais do que cinco horas. Foi um dos piores voos que já fiz e achei que aquela lata velha ia cair. Pegamos muita turbulência e lembro de gritar apostas com os outros operadores se o avião iria cair. Lembro de uma mulher vomitando de medo e comecei a me preocupar quando a aeromoça se sentou correndo no banco e demonstrou um olhar de terror. Ou ela era nova ou o negócio estava feio mesmo. Evidente que eu achei que nesse dia, a coisa estava feia mesmo. Nós ficávamos separados no voo, caso tivesse algum conflito dentro do avião e nesse voo enquanto um gritava "aposto $20.00 que vai cair" e o outro falava que apostava $40.00 que não chegava lá, os tripulantes nos olhavam com ódio, mas ninguém falou nada pois o medo era maior. Eu, como sempre, pedia ajuda para o meu anjo da guarda só que dessa vez eu não me senti invencível como nas operações, acho que pela falta de controle. O voo chegou bem, mas foram horas de terror para alguns passageiros, raiva para outros e nossos risos que, para mim, foram mais uma maneira de tentar esconder o medo daquilo cair.

Chegamos no aeroporto e nesse lado do mundo tudo muda, roupas, cheiros, barulhos, tudo. Claro que as pessoas que estavam no aeroporto já sabiam o que esses nove gringos com caixas pretas estavam fazendo ali. Nossa sorte é que o povo do Kuwait adora os americanos por eles os terem salvo das garras do Sadan Hussein na Guerra do Golfo de 1990. O país ficou "americanizado" e tinham vários lugares americanos como a lanchonete McDonalds, etc.

Do aeroporto fomos para uma base americana que fica em uma base antiga da marinha do Kuwait, que servia como o ponto de preparo para as tropas que entravam no Iraque e recebia os soldados voltando da batalha. Aqui você via os soldados excitados por estarem indo para a guerra assim como os soldados voltando com uma tristeza que não tem como descrever. Esses ninguém falava muito e eles ficavam entre eles no seu próprio mundo. Eu não entendia isso até quando um dia eu me tornei como um deles.

Chegando na base fomos direcionados para o barracão onde ficaríamos hospedados. Lá havia camas, eletricidade e um armário para cada um de nós, melhor do que estávamos esperando. A academia dessa base era uma das melhores que já vi e a comida era de primeira, bem melhor do que nos navios que eu estava acostumado.

Nosso dia a dia era acordar, ir à academia, almoçar e treinar. Joe, o operador que esteve no atentado, tinha problemas para dormir e gritava com pesadelos todas as noites. Ninguém o acordava, mas era doloroso escutar os seus gritos durante a noite.

No fundo da base tinha um pequeno complexo separado de tudo com cerca de arame farpado e trailers com ar condicionado, onde ficavam os *Navy Seals*. Tentamos marcar um treinamento com eles pois nos identificávamos mais com eles pelo nosso treinamento ser semelhante. Eles estavam de passagem a caminho do Iraque e não conseguimos conectar.

Depois de uma semana na base recebemos as ordens de que teríamos que verificar navios que poderiam estar roubando petróleo do Iraque ou transportando armas e drogas. Esse trabalho seria feito com um grupo de operações especiais do exército do Iraque e nossa missão era ensinar esse grupo como tomar conta de seu próprio país depois que os Estados Unidos saíssem da guerra e da área. A missão de muitos grupos de operações especiais americanos é treinar grupos de outros países e era esse o nosso objetivo no Iraque pois em 2005, as tropas norte-americanas já preparavam o país a se manter.

Pegamos um voo até a ilha de Bahrain e embarcamos em um navio norte-americano que nos levou para outro navio maior britânico que ficava em uma área no Golfo Pérsico perto dos terminais de petróleo, na mesma área onde nosso irmão, um ano antes, perdeu a vida. No navio britânico encontramos o grupo

Operação no Iraque com um grupo britânico - Acervo Pessoal.

Após operação noturna no Iraque - Acervo Pessoal.

Entrando no Iraque pelas águas do
Khawr az Zubayr, 2005 - Acervo Pessoal.

AK-INN, o único bar dentro do Iraque - Acervo Pessoal.

iraquiano e começamos a treinar o pessoal.

Eu sempre me dei muito bem com pessoas, independente de nacionalidade, cor ou sexo e com os iraquianos não foi diferente. Olhava para todos como se fossem irmãos e respeitava todos da mesma maneira. Um pouco diferente de muitos outros, ainda mais porque há pouco tempo estávamos lutando como eles.

Eu lembro que, no jantar, os britânicos escondiam as frutas porque eles costumavam pegar muitas de uma vez só, ao invés de pegar apenas uma. Porem os britânicos não entendiam que, no Iraque, não existiam frutas assim e somente os ricos ou as pessoas do governo podiam ter. Para eles uma laranja ou uma maçã, era algo raro e muitos nunca nem tinham visto uma fruta dessa antes. Eu pegava o que conseguia e levava escondido para eles, fazendo amizades com pessoas que há meses estavam batalhando contra nossos irmãos.

Lembro que eles tinham o banheiro próprio, pois não usavam vasos sanitários que foram retirados deixando somente um buraco no chão que era usado por eles. Isso gerava muita piada entre os tripulantes e eu me sentia mal por eles, pois eu sabia o que era ser "diferente" e não entender a língua. Sei como é humilhante ser debochado por ser diferente. Em troca eles gostaram muito de mim e nas poucas conversas que tentávamos nos comunicar, eu expliquei que era brasileiro. Eles adoraram saber disso e só falavam nomes de jogadores brasileiros.

Depois de uns dias no navio sem fazer nada, fomos ao trabalho, verificar navios que passavam na área. Nesses navios que paramos, não encontramos nada de errado, mas toda abordagem era tensa. Chegávamos com o barco inflável e tínhamos que subir uma escada enorme com todo o equipamento em temperaturas acima de 40 graus. Ao mesmo tempo, ficávamos expostos e qualquer confronto nessa posição seria difícil de defender. Também havia a preocupação com os nossos "alunos" porque éramos responsáveis por eles e pela sua segurança. Fora a preocupação de algum deles fazer algo errado e comprometer a nossa missão.

Entrando no navio, parecia uma cidade e era praticamente impossível verificar tudo. Alguns de nós ficávamos com o capitão, verificando a papelada e outros iam até às cabines dos tripulantes para verificar tudo. Isso demorava em torno de 5 horas e no fim de toda a abordagem fazíamos uma reunião entre todos para conversarmos sobre o que havia acontecido e o que precisaria melhorar. Com as nossas observações, os alunos iraquianos ajustavam e se preparavam para o próximo dia, e assim eles aprendiam tudo para que, um dia, pudessem tomar conta do seu próprio país.

Foram feitas várias abordagens desse tipo nessa área e depois de quatro dias, eu e outro operador recebemos ordens para entrar no Iraque e ficar em uma base britânica na cidade de Uma Qasr que ficava próximo a Basra onde nessa época, ainda aconteciam muitos conflitos com nossas forças militares. Umm Qasr fica na fronteira com o Kuwait e foi uma cidade importante na guerra. É a maior cidade portuária com fácil acesso ao Golfo Pérsico e com uma base Iraquiana da Marinha. Dentro dessa base naval iraquiana, tem uma base britânica onde ficamos por dois meses treinando e participando de operações que não posso comentar nesse livro, mesmo mudando resultados e nomes. Só posso dizer que foram operações de alto risco de onde surgiu a maioria de meus pesadelos, a causa de minha depressão que viria anos depois.

O único jeito de chegar em Umm Qasr nessa época era pelo mar e fomos levados por um barco de patrulha da marinha iraquiana. Em 2005, a guerra convencional já tinha terminado, mas ainda havia conflitos com grupos terroristas e grupos de oposição da ocupação norte-americana. Os americanos e os aliados nessa época estavam preparando o país para uma democracia e a única maneira de conseguir isso era estabilizar a segurança da população. A missão dos terroristas, no entanto, era impor as suas leis religiosas e evitar a evolução e a educação da população, com isso explodindo bombas e assassinando todos que não concordavam com as suas crenças. Era uma época difícil porque o inimigo não usava uniforme e não usava métodos convencionais. Ele simplesmente usava táticas sem pensar nos danos colaterais como as vidas inocentes.

Nossa missão no sul do Iraque foi treinar os iraquianos em táticas de defesa pessoal e abordagens. Depois de qualificar em nossa classe, eles iam para o barco que os levariam para fazer abordagens em alto mar. Ensinar esses soldados era uma responsabilidade enorme e um certo risco por treinar pessoas que não conhecemos com uma cultura totalmente diferente. Muitos nunca tinham visto uma televisão, então era como ensinar alguém a andar pela primeira vez. Até como segurar uma arma ou andar em grupos, como vestir, tudo.

Ficar nessa base com os britânicos foi algo muito diferente do que esperávamos. Para começar, por sermos parte do grupo de operações especiais, ficávamos em um trailer com ar condicionado e wifi, uma cama cada um e só dois no quarto com um banheiro completo com chuveiro quente e tudo. Uma mansão comparada com os outros soldados.

Essa base tinha um bar chamado AK INN com uma AK 47 enferrujada na porta abaixo do nome. Esse bar tinha um caderno onde você anotava as bebidas que tomava e pagava no fim do mês. Nesse bar a noite, os britânicos bebiam e aprontavam todas. Uma noite um deles veio e bateu em nosso trailer pedindo ajuda para "remendar" sua mão. Ele estava com medo do comando britânico da base e sabia que um de nós tinha treinamento em primeiros socorros. Meu parceiro fez tudo, mas ele teria que contar a história de como aquilo tinha acontecido. Esse soldado britânico contou que apostou que seu parceiro não conseguia acertar sua mão no alvo com um dardo. Sorte dele que ele acertou porque poderia ter acertado na cabeça e mais sorte ainda foi que o dardo furou a mão e não danificou nenhum nervo, só uma veia que fez ele sangrar para todo o lado. Bêbado, ele achou nosso trailer e correndo o risco de levar um tiro batendo como ele bateu em nossa porta, veio pedir ajuda. Isso não ficou assim e dias depois foi ele que ganhou a aposta e atirou um dardo na bunda do mesmo cara que o havia acertado anteriormente. O dardo ficou na bunda direita dele e graças a Deus, ele estava tão bêbado que não achou nosso trailer. Com medo de bater na porta errada, ele mesmo colocou um curativo bandaid e ficou sentando torto por duas semanas.

Nosso dia começava cedo com um treinamento físico e depois café da manhã. As aulas começavam às 09:00 a.m. e a sala de aula ficava fora de nossa base, no ginásio da base iraquiana. Saímos de nossa base armados e sempre vigiados pela torre da base britânica. As aulas duravam até o meio dia e voltávamos às 1:00 p.m. após o almoço para fazer a parte pratica das instruções. Os alunos vinham de todas as partes do Iraque e dava para ver o sofrimento no rosto de muitos deles. Dava para notar que alguns já eram militares, por serem ruins com os outros e os tratavam mal, fato que me deixava louco. Eles eram os que mais sofriam durante uma demonstração de alguma tática de defesa. Se maltratassem algum aluno e eu visse, ele pagaria depois. Os que eram maltratados sabiam disso e sempre que acontecia algo eles me olhavam como se eu fosse o irmão maior deles na escola. Um deles sempre vinha me mostrar seu barbante no pescoço com uma cruz para mostrar que era cristão. Eu sempre pegava as frutas e os doces da cafeteria e lhes levava na classe. Fazia com que todos dividissem entre eles e a felicidade de todos me comovia, me fazia sentir bem e foi muito marcante durante esse período.

Certo dia fizemos uma prova escrita e um deles estava colando do outro aluno. Para isso não virar costume e para ensinar a importância de não se fazer a coisa errada, nós avisamos o tradutor que a classe toda estava reprovada nesse teste. O problema foi que, no dia seguinte, esse aluno veio com a cabeça raspada e roxo. Eu queria "matar" a pessoa que fez isso e o tradutor não contou como isso tinha acontecido, e foi pior para ele, pois agora ele pagaria junto com o grupo todo fazendo exercícios até caírem. Ninguém encostava em um aluno nosso sem consequência. O aluno ficou sentado na carteira dele estudando e comendo uma maçã sozinho. Ele teria que estudar até estar pronto para o teste e ninguém iria parar de fazer exercícios até isso acontecer. Quando eu notei que eles já estavam caindo, eu passei o teste para ele fazer. Claro que ele não passou, mas ninguém precisava saber disso. Dei uma nota alta para ele, fazendo com que toda a classe passasse no teste e ele se tornou o herói da classe nesse dia. Por sorte eu tinha um saco de balas e dei para ele. Ele foi esperto e dividiu com todos. Depois desse dia as coisas mudaram entre eles e começamos a notar que estavam mais próximos, como um time deve ser.

Após a ratificação da Constituição do Iraque em 15 de outubro de 2005, uma eleição geral foi realizada em 15 de dezembro para eleger um Conselho Permanente de Representantes do Iraque composto por 275 membros. Nós estávamos lá durante as eleições e foi uma época perigosa para a população pois os grupos terroristas ou que estavam contra as eleições estavam aterrorizando a população. Toda pessoa que votava tinha que enfiar o dedo direito dentro de um corante roxo para mostrar que já tinha votado. Esse corante não saía por uma semana sendo o único jeito de registrar que votou evitando mais votos pela mesma pessoa. O fato é que, nesse tempo, muitos não tinham nenhum tipo de registro pois o governo anterior só tinha interesse na tribo deles, a sunita. Nós participamos das operações no Iraque junto com os Britânicos para a segurança da população, mas sobre essas operações eu não conto.

Depois das eleições de dezembro, paramos as aulas durante o feriado já que muitos alunos moravam longe dessa base e alguns eram cristãos que pediram para visitar a família. Nós passamos o Natal dormindo com as armas porque tínhamos informações da inteligência que nossa base seria atacada nessas datas. A rainha da Inglaterra no dia do Natal mandou presentes para todos os soldados na guerra e os dois gringos americanos na base (eu e TW) também ganhamos. Claro que eu guardei presentinhos para os alunos, mas foi muito legal receber um presente da rainha.

O Ano Novo passamos no bar AK INN e voltamos para o quarto para escrever e-mails para nossos familiares. Eu via TW escrevendo e fazendo vídeo com sua família e foi ali que comecei a me sentir mais sozinho ainda. Eu não gostava de chamar minha mãe ou alguém da família porque achava que ia deixá-los preocupados comigo. Não queria que ficassem se preocupando ou vendo onde eu estava. Eu mandava e-mail falando que o treino estava bem e que não precisavam se preocupar. Eu tinha uma namorada nesse tempo, mas nunca fui próximo a ninguém. Ela era brasileira e sempre foi muito carinhosa comigo, mas eu nunca a aceitei, pois nunca tive tanto carinho. Achava estranho e não me sentia confortável com alguém me beijando e fazendo carinho, pois foi assim que fui criado. Não é culpa da minha mãe pois ela deve ter sido criada igual, mas nunca tivemos muito carinho em nossa família e como eu sempre mudei de casa em casa, de família em família, eu nunca tive muito tempo perto de ninguém. Na realidade eu nem sabia como essa namorada aguentou tanto tempo comigo, mas as coisas iriam ficar ainda piores depois dessa operação do Iraque, pois eu voltei ainda mais frio do que sempre fui e isso atrapalhou muito a minha vida pessoal.

Os alunos voltaram depois do Ano Novo e terminaram o nosso curso. Senti orgulho deles e feliz por estar fazendo a diferença na vida deles e do país. Fiz muitas amizades e sempre penso em como devem estar hoje em dia, pois nunca mais falei com eles. Depois do curso completo recebemos ordens para encontrar o time de volta na base do Kuwait. Nessa base, nossa missão foi treinar um grupo de operações especiais iraquiano. Esse treino foi mais rápido porque esse grupo já tinha um certo conhecimento em táticas de tiro e de abordagem de alto risco. Nosso foco era alimentar ainda mais o conhecimento deles e mostrar novas táticas.

Durante esse treino, nosso time recebeu ordens de uma missão de alto risco e foi nela que me machuquei, mudando a minha vida e a minha carreira para sempre. Os detalhes do acidente eu não posso contar, mas estourei dois discos da coluna nas minhas costas e não consegui andar por uns dias. Eles tinham que trazer comida na cama porque eu não conseguia chegar até a cafeteria. Ir ao banheiro era horrível e ia me segurando nas paredes demorando quase 20 minutos para andar 30 metros. Eu não conseguia nem me trocar direito e foi tomada a decisão que eu fosse transferido para os Estados Unidos já que estava inválido para a missão. Essa decisão de ser transferido foi muito dura para mim porque eu me sentia culpado por estar deixando-os lá, por estar largando meu time, minha família na guerra enquanto eu estava indo embora. Foi uma perda que é difícil descrever e minha maior preocupação era que algo acontecesse com um deles. Eu tentei de tudo para ficar, mas não teve como. Recebi a data e o horário e me levaram para o aeroporto três dias depois. O pior de tudo foi perceber que o disco que estava encostando no nervo ciático, soltou e a dor automaticamente melhorou. Eu já conseguia andar mesmo com dificuldade e estava bem melhor porem meu comando não me deixou ficar. Embarquei em um voo comercial só com a roupa do corpo e peguei meu voo.

O voo tinha escala em Madri e por conta da duração e minhas costas ainda estarem ruins, foi decidido que eu dormiria uma noite na cidade e viajaria no dia seguinte para Miami. Cheguei em um hotel no centro de Madri transtornado, sem acreditar que tinha deixado o meu time para trás. A ficha caiu que eu tinha largado todos eles e fui direto para um bar depois do check-in. Bebi muito e acabei brigando com um segurança porque o barman não queria mais me servir, fui chutado do bar e peguei um taxi de volta para o hotel. Cheguei tarde e perdi o voo no dia seguinte que foi remarcado para o próximo dia no mesmo horário. O voo de Madri a Miami foi um inferno porque eu não conseguia ficar sentado por muito tempo, então eu andei o voo todo para cima e para baixo durante a noite toda para aguentar a dor.

Minha missão no Iraque durou três meses e quando retornei o meu colega Pedro já tinha se mudado para a Filadélfia e eu voltei a morar na casa da minha tia. Foi ruim sair de minha própria casa, mas ao mesmo tempo foi muito bom voltar a comer as maravilhas que minha tia Kity fazia.

19
O DIFÍCIL RETORNO

Meu retorno foi difícil e posso dizer que voltei uma pessoa completamente diferente depois do Iraque. Minhas costas ainda estavam ruins e algumas noites eu não conseguia me deitar, então eu ficava na sala vendo TV e dando voltas ao redor da mesa de centro. Quando ficava com muito sono, eu me sentava e dormia até a dor me acordar e voltava a caminhar para aliviar a dor. Eu comecei a ter insônia, pesadelos, comecei a beber muito e aos poucos fui entrando em um mundo escuro e cheio de paranoias. Claro que o meu comando nunca iria descobrir sobre o que eu sentia nas minhas costas porque poderia limitar o meu tempo com o meu time e eu jamais queria perder uma missão, pois eu estava viciado na adrenalina e não via a hora de ir para a próxima. Eu bebia para esquecer, mas a ressaca me fazia sentir pior, aí eu bebia mais. Passava meus fins de semana bebendo com amigos e "causando", e nem sei como não fui preso nessa época. Terminei com a minha namorada, ou ela terminou comigo, não lembro porque provavelmente estava bêbado. Por fora eu demonstrava que tudo estava perfeito e ninguém notava o que realmente estava acontecendo por dentro e fiquei assim por bastante tempo.

Tirei dez dias para ficar em casa e no último, meu comando chamou e falou que fui escolhido para o treino de atirador de precisão. O comando somente escolhia três pessoas dos cem que trabalhavam e eu não tive como recusar, pois, foi uma honra ser escolhido entre tantos. Agora mais do que nunca eu precisava esconder sobre as minhas costas e comecei a usar uma faixa para dar mais suporte e me deixar com uma postura melhor. Eu parecia o robô do filme Guerra nas Estrelas andando todo duro, mas na minha mente eu estava andando normal e isso era o que importava.

O treinamento de atirador de precisão foi o pioneiro entre os times e eu ia ser o primeiro da história desse grupo de operadores especiais a se qualificar. A função do treino era qualificar três operadores a poderem atirar rifles sniper de dentro de um helicóptero. Isso serviria como suporte de operações terrestres e o objetivo mais importante seria abater lanchas rápidas que fugiam dos navios da marinha a toda hora. A arma usada nesse tempo era um rifle sniper fabricado nos Estados Unidos que atirava um projetil de calibre .50, tinha um peso de 11kg e tinha um alcance efetivo de 2.000 metros (2 quilômetros).

Eu e mais dois operadores nos preparamos para o treinamento com uniformes novos e seguimos de carro para a cidade de Jacksonville na Flórida onde ficava a base aérea da HITRON, o esquadrão aéreo armado da Guarda Costeira encarregado de fazer operações contra o narcotráfico. Ficamos em hotéis já que a base não podia dispor de algum espaço para ficarmos e não foi nada mal. Chegamos no domingo à noite, e na segunda já teríamos que nos reportar para a base às 08:00 a.m.. Eu estava nervoso porque seria algo novo extremamente difícil. Já sabíamos que o esquadrão não gostava muito da ideia de 3 "folgados" do grupo de operadores especiais irem se qualificar nesse trabalho, pois eles achavam que somente pessoas que fizessem parte de grupos aéreos deveriam se qualificar para fazer esse tipo de trabalho. Sempre teve uma rivalidade entre a parte aérea da Guarda Costeira e a parte marítima, e no nosso caso isso era ainda pior, pois nem a parte marítima, e muito menos a aérea, gostavam de nosso "jeito de ser".

Na segunda de manhã cedo chegamos já com atitude e fomos levados para a sala de aula. Os três riam alto, e ficamos sentados com os pés nas mesas esperando o instrutor chegar, quando entrou o comandante da base, vermelho de raiva porque ele tinha saído da academia indo direto para a classe de aula. Nenhum de nós nem olhou para ele e continuamos a bagunça quando chegou o instrutor atrás do comandante e gritou para atenção. Como estávamos os três sentados juntos com os pés em cima da mesa, o do meio se levantou mais rápido, pegando no meu pé e no do outro operador ao lado dele levantou e chutou a cadeira, o que nos derrubou no chão fazendo um barulho tremendo. Ele ficou em posição de atenção mordendo os lábios para não rir e eu levantei querendo lhe "matar". Claro que demorei um pouco mais pois minhas costas não me deixaram subir rápido e o do meio soltou bem baixinho, "Bruno paga as bebidas hoje", (Bruno era como eles me chamavam nos grupos). O comandante já começou dizendo que conhecia nossa reputação e que se algo ocorresse fora do esperado seríamos enviados de volta para nossa "toca" sem qualificar e proibidos de voltar. Soltamos um "Sim Senhor" meio que rindo e ele saiu da sala chutando tudo no caminho. O instrutor começou a aula e pelo tom de voz dele eu já sabia que a coisa tinha acabado de ficar mais difícil ainda.

As primeiras semanas foram todas na classe de aula e aprendemos tudo sobre aviação e como funciona as plataformas aéreas em que íamos atuar. Nessas primeiras semanas o nosso trabalho foi de reconhecimento da cidade e procurávamos os melhores bares para beber e os lugares mais baratos para comer. Durante a semana era só tomar vodca pura para evitar o cheiro de bebida no próximo dia e durante o fim de semana era cerveja, menos no domingo. Essa foi a nossa rotina durante todo o treino que durou praticamente dois meses.

Depois das primeiras semanas começou a parte mais interessante que é a de tiro. Essa parte aconteceu em apenas um dia de classe e depois fomos transferidos para uma base em Fort Stewart na Geórgia onde existe espaço suficiente para atirar uma arma calibre .50. Essa base é da infantaria do exército americano chamado 3rd ID. Dentro dessa base tem de tudo e morar dentro dela é como morar em uma cidade. Chegamos na base com todo o armamento e nos preparamos para o dia seguinte.

No próximo dia, acordamos cedo para tomar café e fomos para o local do treino que ficava há quinze minutos de onde estávamos. Preparamos o local e fui o primeiro a atirar com a .50. Meu coração batia como nunca e eu me deitei atrás da arma. Coloquei a coronha da arma forte contra o ombro, com a mão esquerda inseri o carregador na arma, depois disso levei minha mão esquerda para meu ombro direito suportando a coronha, e com a mão direita trabalhei o ferrolho devagar para poder sentir toda a vibração da arma colocando um projetil de .50 para dentro. É difícil descrever o poder que você sente deitado atrás desse pequeno canhão. Destravei a arma e com meu dedo direito, eu levemente senti o gatilho, me achando o cara, o atirador sniper dos filmes de Hollywood, só que esqueci um pequeno detalhe. O gatilho de uma arma sniper é superleve e sempre quando se atira com uma arma de calibre grosso como essa, você deve ficar com a boca fechada. Eu encostei no gatilho e quando pensei em me preparar para o tiro, a arma disparou, me matando de susto e fazendo com que eu mordesse minha língua quase perdendo um pedaço. O cheiro da pólvora e impacto da arma me fez sentir algo novo, algo viciante, algo chamado poder. Todos acharam o máximo esse primeiro tiro porque eu acertei, mas morreram de rir quando eu olhei para eles com lagrimas nos olhos e sangue na boca. Você sabe quando sai lagrimas dos olhos quando morde a sua língua? Imagina essa dor infernal dez vezes mais, depois de levar o que parecia um coice de cavalo de tiro. Eu ria com lagrimas nos olhos e tentava mandar todo mundo a merda, mas minha língua estava para fora da boca e não saia nada o que fez todo mundo rir ainda mais. Fiquei sem poder comer algo quente direito por uma semana.

Aos poucos fui melhorando nos treinos e me destacando, agora sempre de boca fechada. Esses foram os melhores dias dos treinos pois passávamos o dia todo atirando e se familiarizando com as armas. O treino que veio depois foi bem mais difícil até que no fim fomos direto para Jacksonville para nos preparar para o que viria.

O treinamento começou em uma segunda feira gelada. Nosso dia seria dentro do helicóptero treinando a comunicação com os pilotos. A comunicação é muito importante porque você é o olho do piloto e precisa posicionar o helicóptero antes do disparo. Nosso lugar fica na porta direita do helicóptero e de lá é que os pilotos escutam o comando de abaixar e chegar mais perto do alvo, virando para esquerda ou direita para que tenham um angulo melhor para o disparo.

Para nossa sorte, a maioria dos pilotos vinham de unidades do exército e já tinham trabalhado algum tempo de suas carreiras com operadores de grupos especiais. Eles entendiam nosso jeito de ser e gostavam de como éramos no nosso dia a dia, acho até que, no fim eles nem gostavam muito do pessoal com quem trabalhavam nessa unidade. Eles vinham sempre nos encontrar para dividir histórias e contar piadas, e os outros não gostavam muito dessa interação.

O trabalho do piloto era deixar a plataforma pronta e preparada para que o atirador pudesse disparar no alvo com a melhor estabilidade possível e isso é extremamente difícil. Por isso nessa unidade tinham muitos pilotos já experientes do exército, com experiência em combate e que viram uma oportunidade em sua carreira de trabalhar na Guarda Costeira, um serviço conhecido pelos resgates mais audaciosos da história. Na Guarda Costeira, um piloto tem a oportunidade de ser treinado para voar em tempestades e atuar ao máximo possível para salvar vidas por isso são conhecidos como os melhores pilotos do mundo.

Nosso comando da porta do helicóptero era chamar altitude caso estivéssemos muito perto do solo ou mar, comandos de pé direito ou esquerdo que significava virar o helicóptero para direita ou esquerda e o comando que nenhum piloto quer escutar de que o inimigo tem uma arma e está atirando em nossa direção. Para fazer esse treino, uma unidade marítima da Guarda Costeira usava uma lancha rápida para simular a mesma usada por traficantes em alto mar. Nosso trabalho era identificar essa lancha em alto mar e perseguir, comunicando os comandos para que o piloto posicionasse a plataforma. É um trabalho bem tenso e para quem não tinha voado muito foi aterrorizante. Eu nunca imaginei que um helicóptero pudesse voar assim e as manobras eram bem radicais.

Depois de alguns treinos, eu peguei o gosto da adrenalina e não via a hora de voltar ao helicóptero e voar ao extremo. Fui me acostumando com os comandos e tudo começou a ser natural. Na parte final, depois de todo o treino aéreo, usamos uma arma de plástico que atira um laser no motor da lancha iluminando com uma luz para mostrar que o tiro foi certeiro. Todos passaram nesse teste e fomos de volta a Geórgia para o teste final, que era atirar no alvo de dentro do helicóptero voando.

O dia chegou e fomos para onde iriamos fazer o teste final do treinamento. Essa parte foi extremamente difícil porque nosso trabalho era atirar de um helicóptero em um alvo que se mexia e ao mesmo tempo simulava uma lancha em alto mar. Claro que o alvo andava devagar, mas isso não ajudava porque o helicóptero tinha que manter a mesma velocidade e isso o fazia mexer muito, dificultando o disparo, coisa que seria mais estável se estivesse voando com mais velocidade. No disparo fui bem e passei, conseguindo ser o primeiro operador a se qualificar como atirador de precisão na história dos times.

Depois de passar no teste final, recebemos nosso certificado em Jacksonville e nos preparamos para voltar a Miami. Na noite anterior, a ordem foi comemorar e como sempre me encontrei em um bar bebendo todas com os outros dois operadores e sendo chutados do bar antes da meia noite.

20
ATIRADOR DE PRECISÃO

Voltamos para Miami e fomos recebidos por todos com entusiasmo. Achei que estavam felizes pelo trabalho e reconhecimento, mas na realidade estavam mais felizes porque agora teriam um atirador em seus times que poderia parar as lanchas que antes escapavam.

Meu time, o 403, já tinha voltado do Iraque e foi nesse dia que descobri que não iria mais trabalhar com eles diretamente. Meu novo escritório agora seria o dos atiradores e eu iria ser usado por times que operavam nas áreas das lanchas. Foi bem difícil sair do meu time anterior porque eu já havia me acostumado com eles, eram irmãos e me sentia mais perto deles do que com a minha família. Agora eu seria apenas uma arma especial que os times poderiam usar quando fosse necessário.

No fundo, como sempre na minha vida, eu já esperava por isso, mesmo que fosse no meu inconsciente, pois eu já tinha mudado de família tantas vezes na minha vida que, mais uma vez, veio como algo esperado. Desde criança quando eu me acostumava com alguém era hora de mudar. Isso me fez mais forte, mas ao mesmo tempo me deixou uma pessoa fria e calculista.

Eu andava pelos corredores me achando o cara, de macacão uniforme aéreo verde, diferente de todos os outros e quando era possível levava meu capacete de piloto para cima e para baixo como se estivesse fazendo algo importante. Mal eu sabia que isso atraia olhares de todos os times e agora todos queriam que eu fosse com eles nas operações. Semanas depois recebi a primeira ordem para viajar com o grupo 408 para o Caribe porque tinha informações da inteligência que algumas lanchas iriam sair da Colômbia com drogas.

Me preparei para mais uma viagem e encontrei o 408 na base em um domingo chuvoso para viajar até Mayport na Flórida, onde encontramos o navio fragata da Marinha Americana nos esperando no porto. Foi nesse dia que a ficha realmente caiu que eu não estaria mais com meu time, que seria apenas mais uma arma no arsenal da guerra contra o narcotráfico e que logo depois dessa operação seria enviado para mais uma missão com algum outro time.

Saímos de Mayport sentido sul para o Caribe. Eu fiquei na parte exterior do navio e consegui ver a costa da Flórida até passar por Miami. Dali meu telefone ainda funcionava e consegui mandar mensagens para familiares e amigos até cair o sinal. Essa foi a primeira missão em que eu não queria estar ali, queria estar em casa, meu corpo já estava começando a cansar e minhas costas continuavam a dar problemas e eu sempre escondendo isso. Mesmo com esse sentimento, eu sabia que precisava estar ali e que precisava cumprir a missão. Como nosso lema sempre foi *"We have to go out but we don't have to come back"*, eu precisava ir em missão, mas não precisava voltar.

Da costa de Miami passamos entre Cuba e o México e seguimos para um conjunto de ilhas muito usado pelos grupos de narcotráfico. Eles usavam essas ilhas para abastecer os barcos e continuarem até o México. Essa seria a área em que ficaríamos por uns dias esperando nosso grupo de inteligência direcionar para o lugar certo de abordagem.

O dia chegou quando recebemos mensagem na comunicação secreta de que três lanchas teriam saído da Colômbia. Os cartéis não lançam barcos com riscos de a carga não chegar, eles realmente trabalham para ver os melhores dias conforme as condições do mar no trajeto e usam todas as informações de meteorologia disponíveis. Eles calculam os melhores dias para que as lanchas cheguem ao seu destino sem problemas, mas eles não imaginavam que agora nossos times teriam a ajuda de atiradores aéreos.

Ficamos aguardando em uma área enquanto aviões e satélites trabalhavam para encontrar essas lanchas. Era sabido que a lancha usava a noite para navegar e durante o dia eles dormiam escondido embaixo de lonas para se esconderem. Nesse caso não foi diferente e nossos "olhos no céu" trabalharam a noite para encontrar o alvo enquanto nosso time se preparava para a abordagem.

Os operadores normalmente ficam três anos nos grupos e depois voltam para a vida normal da Guarda Costeira, isso tudo porque a carga de stress é muito grande e nem todos aguentariam passar disso. Eu já estava no terceiro ano no grupo de operações especiais e já estava na sétima missão, quase o dobro dos outros e já me sentia alguém com conhecimento. Já era visto pelos outros como alguém que conhecia e sabia o que estava fazendo e isso pode ser algo perigoso.

Eu havia feito outras operações que não pude citar aqui no livro por questões de segurança nacional, e quem estava entre os grupos sabia de tudo que já tinha acontecido. Eu era considerado como um louco inconsequente, mas que todos confiavam as suas vidas porque sabiam que eu faria de tudo para lutar ao lado deles sem pensar nas consequências.

Eu já não tinha mais medo ou pelo menos sabia esconder melhor do que os outros, só que a única diferença agora era que eu estava contido dentro de um helicóptero e não junto com o time. Eu me sentia sozinho lá em cima especialmente quando assistia da "arquibancada" a operação ocorrendo. Antes da operação eu senti uma certa paz e dormi enquanto o pessoal estava nervoso com o que estava prestes a acontecer. Ainda não sei por que, mas todas as operações que fiz depois do Iraque, eu tinha um sono tremendo antes da operação e dormia de roncar. Vestia todo o equipamento, carregava as armas e achava o primeiro canto para deitar no chão e dormir. Me sentia em paz com tudo aquilo acontecendo e isso me levou a mais uma visita ao psicólogo quando voltei, desconfio que alguém não achou isso normal e me "caguetou".

Depois de minha soneca, veio o comando para embarcar no helicóptero. Eu me levantei, me espreguicei com os olhares dos outros operadores como se eu estivesse louco, peguei a sniper e fui em direção ao helicóptero, ainda bocejando de sono. Com a arma em mãos, eu segui para o helicóptero que já estava ligando os motores. Os pilotos já suavam e estavam tensos para sair, enquanto o "mala" (eu) andava com a maior calma para se preparar para voar. Eles não podiam sair até o mala entrar, preparar as armas e apertar os cintos de segurança e imagina um cara com o maior tempo do mundo (eu) arrumando tudo. Eu já estava conectado no radio interno da aeronave e escutava a cada dez segundos, o copiloto perguntando se eu estava pronto. Claro que a cada chamada dessa eu fazia de conta que não escutava e continuava a preparar tudo sem estressar com nada.

Pronto para voar, eu dei o ok no rádio e saímos como uma bala a procura da lancha. Eram umas 11:00 a.m. e eu já me preocupava que ia perder a hora do almoço. Eu calculei que, com a velocidade que ele estava voando, iriamos ficar no ar por 3 horas e eu teria que avisar alguém segurar meu almoço já que o refeitório estaria fechando às 2:00 p.m.. Chamei no rádio e avisei para que isso acontecesse e lá de trás consegui ver a cor do pescoço do piloto ficando vermelho de raiva e imaginei que o rosto estaria igual. Olhei para o tripulante da marinha que controlava o radar do helicóptero e ri, levantando meus ombros como dizendo, "não estou nem aí".

O piloto falava com o nosso navio para ver a direção que deveríamos ir e eu já procurava onde conectar meu iPod de música no meu capacete. Com os pés para fora da aeronave, eu conseguia ver tudo a mil metros de altitude e o ar batia no meu rosto deixando que eu sentisse o cheiro das nuvens e o gosto do mar ao mesmo tempo. Eu fechava meus olhos e me sentia mais perto de Deus nas alturas e isso me fazia se sentir invencível. Eu pedia que meu anjo da guarda guiasse meu caminho e agradecia por estar ali. Tudo parecia acontecer em câmera lenta e eu visualizava os próximos passos da operação. Em minha mente eu já estava preparado para qualquer tipo de resultado, do resultado zero que seria procurar e voltar, até o mais perigoso que seria ser abatido e cair no mar. Na minha mente eu via tudo com detalhes e me preparava para qualquer resultado. Isso me deixava mais calmo porque, seja qual fosse o resultado, eu estava pronto e sabia como agir me colocando no controle do resultado.

Depois de uma hora de voo, o tripulante acenou para que eu escutasse o rádio e eu abaixei minha música. Entrei no rádio e falei que não tinha escutado a última mensagem porque meu radio falhou. Ele voltou e falou que o avião tinha achado a lancha e estávamos a 15 minutos do alvo. Preparei as armas e seguimos em frente depois que avisei estar pronto.

O helicóptero chegou e a lancha já estava fugindo. Mandamos nossa localização para o navio que estava a caminho e começamos a perseguir. A lancha virava para todos os lados e o helicóptero ficava sempre na cola. Quando a lancha viu que não conseguia mais perder, eles trocaram para uma direção reta, seguindo o mais rápido possível. Enquanto um dos tripulantes jogava a droga no mar, nosso tripulante marcava o local com coordenadas para depois voltar. Eu comandava a direção do helicóptero para que ficasse em posição para o disparo.

O primeiro disparo, por lei, deve ser com uma metralhadora para tentar parar o barco sem precisar usar a sniper. Esse disparo de metralhadora é feito com uma M240H e a rajada deve ser feita na frente da lancha para que o pessoal perceba que deve parar e que estamos falando sério. Conforme o treino, devemos dar três rajadas e depois preparar para atirar com a arma de precisão no motor da lancha. Depois da última rajada, avisei o piloto pelo rádio que estava trocando de arma e mudei para a sniper que estava ao meu lado. Eu estava sentado na porta com uma perna fora e a outra para dentro, como gostava de atirar. Segurando a arma com a minha mão esquerda, eu usei a mão direita para carregar.

O primeiro sentimento quando você carrega uma sniper em uma operação é inesquecível. Mesmo com o barulho intenso do helicóptero, sua mente foca em seu objetivo e lhe faz escutar cada barulho da arma, tudo em câmera lenta. O carregador entra sem obstáculo e você sente o metal deslizando até escutar o click que está travado na arma. Com a mão direita, você trabalha o ferrolho puxando levemente com os dedos para trás e depois empurrando com a ajuda da palma para a frente, travando a munição e deixando-a pronta para o disparo. Minha mão direita descia como que acariciando a arma até chegar perto do gatilho. Meus três últimos dedos agarraram a arma carinhosamente e meu dedo indicador chegou próximo ao gatilho, pronto para atirar, tudo isso em câmera lenta.

A arma se torna numa extensão de meu corpo, como um novo braço, ela pertence a você e segue seu comando, um sentimento estranho, mas que me faz sentir saudades agora que estou escrevendo. Não sei como descrever o poder que você sente em saber que uma munição .50 acaba de estar pronta para atirar em direção a uma pessoa. Uma ferramenta extremamente poderosa que me traz a maioria de meus pesadelos os quais, de vez em quando, aparecem para me atormentar. Neste livro eu só posso contar essa operação em que usei essa arma, as outras eu guardo dentro de mim e só relembro nos meus pesadelos.

Depois de carregar a sniper, o que pareceu ser cinco minutos na realidade foram cinco segundos, eu avisei o piloto que estava pronto para o disparo. Meu comando foi para o piloto chegar mais próximo e virar o helicóptero em um ângulo para que eu pudesse atirar. Minha arma estava mirando os motores da lancha, mas eu mantinha os dois olhos abertos para poder ver o que estava acontecendo ao redor. Eu usava uma mira Eotech que só tinha um ponto vermelho, e por ela não ter poder telescópico, eu conseguia ficar com os dois olhos abertos na hora do disparo.

A metralhadora M240H ficava apontada para fora pendurada do meu lado esquerdo e se eu visse alguém usando uma arma seria fácil para eu puxar o gatilho jogando uma rajada de chumbo para cima deles. Quando o piloto chegou ao angulo que eu procurava, eu avisei pelo rádio que ia disparar e esperei o ok do piloto. Eu mirei no motor do meio para dar espaço caso errasse o tiro e acertasse outro motor. Destravei a arma e encostei meu dedo indicador no gatilho bem de leve, pois o gatilho era sensível e não precisava muita força para disparar.

Minha respiração estava calma e profunda. Uma gota de suor descia pela minha testa passando bem no meio do meu nariz e terminando na minha boca, a respiração fazia com que eu assoprasse esse suor em várias gotas. Eu sentia o gosto do suor, o cheiro do mar e do exaustor do helicóptero que atuava em força total para ficar do lado da lancha.

Puxei o gatilho e o impacto no meu ombro veio como esperado. A aeronave vibrou e o deslocamento de ar do tiro podia ser sentido por todos dentro dela. O gosto e o cheiro de pólvora são inesquecíveis e fechando meus olhos agora, eu ainda sinto o gosto dela depois de um disparo, não sei por que me deu água na boca.

O tiro foi certeiro e eu notei que depois de acertar, o piloto da lancha caiu. Achei que ele estava se abaixando, com medo do que estava acontecendo, mas na realidade foi atingido.

Ele parou a lancha na hora e sentado na porta, eu notei o sangue saindo da perna direita dele. No começo eu não estava entendendo, pois tinha certeza que havia acertado o motor. Ficamos dando voltas sobre a lancha até o meu time chegar para fazer a abordagem. Eu tinha avisado pelo rádio para levar equipamentos de prontos socorros e o time achou que eu tinha dado um tiro em alguém no barco.

Os tripulantes da lancha estavam com as mãos para cima e eu não tinha como pedir para que algum deles ajudasse o outro que estava sangrando. Ele ficou assim uns 20 minutos até o nosso barco chegar, mas sobreviveu porque não tinha atingido nenhuma artéria.

Eu ainda não conseguia entender como meu disparo o tinha

atingido porque eu usei um angulo de tiro tal que jogasse todos os estilhaços para a parte traseira e longe dele. Me senti culpado porque sei que deveria ser algum pescador, pai de família que estava ali para ganhar um dinheiro extra.

O time chegou, prenderam dois dos tripulantes e atenderam o outro que sangrava deitado. Na lancha foram encontrados 800 quilos de cocaína pura e os três foram transferidos para um navio da Marinha Americana que estava a caminho do Panamá levando um time nosso para o Pacífico.

A lancha permaneceu ao lado do nosso navio para que o nosso time pudesse tirar fotos e usar como evidência do ocorrido. Eu desci na lancha para entender o trajeto do tiro e quando abri a capa do motor atingido, consegui ver que uma polia tinha sido atingida pelo disparo e se partido em pedaços. Avisei para que chamassem o Navio da Marinha Americana e falassem para o médico que o colombiano poderia ter pedaços dessa polia dentro da perna dele. Pedimos para guardar as amostras e foi isso mesmo que aconteceu. O tiro acertou o motor e a polia que girava com velocidade quebrou em pedaços, jogando estilhaços de dentro para fora e acertando a perna do infeliz que ali estava. Comprovamos isso quando vimos que tinham marcas de estilhaços que atravessaram a capa do motor de dentro para fora.

Eu logo comecei a escrever o relatório, pois sei que isso iria mudar muita coisa nas operações aéreas e eu precisava descrever tudo o que havia acontecido. Se fosse minha culpa por ter atingido alguém, eu poderia ser julgado e exonerado do meu cargo, então era necessário relatar tudo com precisão. Meses depois, terminaram a investigação e concluíram que foi isso mesmo que aconteceu. A ordem foi mudar de munição e mais nada.

Mais para o fim dessa missão e depois de outras operações feitas, eu notei que a minha arma não estava tão precisa como deveria. Em uma das operações eu errei o alvo, mas logo ajustei para compensar o erro e acertei no segundo tiro. Por isso eu precisei analisar o que estava acontecendo com minha arma e pedi para fazer um voo de treino para que eu pudesse atirar em alto mar em um alvo estável. Levei uma caixa pintada de branco e vermelho para usar como alvo e saímos para longe do nosso navio. Eu joguei a caixa no mar e pedi para o piloto ficar a uns 25 metros da caixa, o mais estável possível. Quando a plataforma ficou estável eu disparei três tiros, errando os três, mas notei que não era a mira porque os três foram para lados diferentes. Isso me preocupou muito, pois eu sempre fui bom de tiro e a mira era nova. Pedi para voltar ao navio e fui investigar.

Chegando no navio eu desmontei a arma inteira sabendo que não poderia mais usá-la em operação. Quando você desmonta uma sniper ou remove a mira dessa arma, ela não vai mais estar calibrada e não pode usar essa arma em operação. Eu sabia que isso iria deixar meu time sem essa ferramenta, mas eu não podia estar usando uma arma e correndo esse risco.

Tomei essa decisão por conta própria e o comando do time queria me "matar" quando me viu desmontando essa arma. Levei horas verificando cada parte da arma com uma lanterna e finalmente encontrei algo assustador. Sai correndo para encontrar o comando e mandei ligar imediatamente para nosso comandante geral do grupo em Miami. Eles deveriam parar o uso dessa arma imediatamente e a mensagem foi enviada para todas as unidades militares, pois a arma não poderia ser usada até o fim da investigação.

Esse rifle .50 tem um cano que se conecta com o resto da arma usando dois parafusos. Essa conexão fica bem abaixo da câmara onde o disparo da .50 é feito. Nesse local, a pressão é extremamente grande e é onde acontece a explosão dos gases que impulsam o projetil para frente e fora do cano. Descobri que tinha uma rachadura entre os dois buracos para parafusos.

Com essa rachadura, o gás da explosão vazava e isso fazia com que o tiro saísse diferente todas as vezes tornando a arma inoperável. O pior ainda seria se essa rachadura expandisse e explodisse para cima, podendo atingir o atirador ou a hélice do helicóptero e derrubá-lo.

Peguei a arma e retornei imediatamente aos Estados Unidos

Escolta do Presidente George W. Bush
em sua visita à Miami - Acervo Pessoal.

para continuar as investigações. Foram encontrados os mesmos problemas em mais oito armas iguais e o seu uso foi interrompido em todas as unidades Americanas. Acho que até hoje a fabricante desse rifle não sabe quem foi o responsável pela quebra de contrato que o governo tinha com eles. Se não me engano, outros países pararam de usar essa arma depois que souberam o que aconteceu. Eu recebi mais uma medalha para meu uniforme por esse trabalho. Tornei-me um dos experts nessa área e sempre era chamado para opinar quando algo acontecia em alguma operação.

Em maio de 2006 eu fui escolhido para ajudar na escolta do presidente George W. Bush em sua visita a Miami. Encontrei o serviço secreto no aeroporto e esperamos a chegada do Airforce One, o avião presidencial. O presidente chegou e seguimos no comboio até a base militar local para uma apresentação, depois fomos a um restaurante onde ele almoçou e a outros lugares nos arredores de Miami.

O clima em uma escolta presidencial é sempre tenso e não posso divulgar os equipamentos e métodos usados nessa operação, mas me surpreendeu o volume de tecnologia e armamento nesse tipo de escolta. Tirei uma foto ao lado da limusine presidencial e a porta é realmente monstruosa.

Meu trabalho foi dirigir o veículo de imprensa que o seguia para registrar tudo. Eu já tinha treinamento defensivo e ofensivo na operação de veículos e barcos e foi por isso que fiquei nessa posição. Fora os repórteres que falavam muito, foi tudo normal e o presidente chegou aos seus destinos sem nenhum tipo de problema. Voltamos para o aeroporto e ele embarcou regressando a Washington.

Foi uma experiência diferente e inesperada e somente fui informado na noite anterior por questões de segurança. Semanas depois eu recebi uma carta do presidente dos Estados Unidos agradecendo pelo meu trabalho.

QUARTA PARTE
A DERROTA DO VILÃO

*Conforme estudos feitos pelo governo americano,
uma média de 20 veteranos cometem suicídio todos
os dias. Ou seja, a cada 1 hora e 12 minutos um
veterano comete suicídio.*

O VILÃO

O ano de 2007 foi bem difícil. Minha mente tentava bloquear a dor e eu bebia cada vez mais com o aumento dos pesadelos que me atormentavam durante a noite. Minhas costas estavam cada dia pior por conta de outras operações, e eu já não conseguia mais esconder minhas dores. Eu sabia que no próximo ano eu iria ser transferido de volta para a Guarda Costeira normal e achava que esse era o motivo maior de meu stress. A maioria dos meus irmãos tinham sido transferidos a meses e no escritório eram todos novos. Eu passei a ser aquele operador mais velho sem entusiasmo, mas que todo mundo respeitava pelo conhecimento e sabiam que era uma bomba relógio só esperando chegar o tempo. Eles viam que eu não conseguia mais esconder as dores do meu corpo e muitos ajudavam a esconder as minhas loucuras no comando. Eu já não falava mais com meu anjo da guarda, mas eu sei que ele sempre esteve ali comigo. Meus pensamentos tomavam conta de mim e foi assim que eu encontrei o meu verdadeiro inimigo, eu mesmo.

O vilão, na realidade, nem sempre é aquele vilão que faz mal aos outros ou tem um olhar malvado, que anda com roupas pretas usando uma máscara para esconder o rosto. Na vida real o meu vilão era eu mesmo, minha mente, meus pensamentos, e esse vilão tentou tirar a minha vida várias vezes e só agora eu conto. Nunca falei isso para ninguém e agora resolvo contar para todos que estão lendo, essa é a ironia da vida. Essa parte eu sei que vai demorar um pouco para escrever, pois preciso me preparar e saber como contar para que você, leitor, consiga entender pois é difícil tentar descrever sentimentos e sentidos, mas vamos lá...

Há um tempo eu vinha tendo pesadelos. Ocorrências em operações voltavam para atormentar minha mente. Eu não falava com ninguém sobre isso porque sempre fui uma pessoa muito fechada e por fora todo mundo me via como uma pessoa feliz e que sempre estava animado nas festas. Eu sempre saía com uns amigos que moravam a dois quarteirões da minha casa e eles me conheciam como o louco da turma. Nessa casa eles moravam em 5 homens e quando eu voltava de operações eu ia direto para essa casa beber e esquecer de tudo. Chegava atormentando todo mundo como um meio de fugir de tudo aquilo que se passava dentro de minha mente. Eu chegava com garrafas de bebida e caixas de cerveja torcendo que algum deles bebesse comigo.

Meu comando, notando o comportamento, me mandou para o médico. Menti sobre tudo que estava acontecendo, mas o médico sabia que eu tinha problemas nas costas. Ele me fez deitar de costas para baixo e segurou minha perna direita uns 45 centímetros para cima. Me mandou relaxar e quando eu menos esperava, ele soltou a minha perna. A reação do corpo é segurar a perna para não bater na maca e isso faz com que os músculos das costas trabalhem, comprimindo o disco que, ao mesmo tempo encosta no nervo ciático. Isso aconteceu e me fez gritar com dor e todos escutaram na enfermaria. Meu médico me pegou mentindo e mandou que eu fizesse um teste de ressonância magnética. Nesse exame eu não tive como esconder que tinha um disco rompido e outra hérnia no disco acima desse. Ele não entendeu como eu aguentei tanto tempo com essa dor e mandou fazer cirurgia. Eu nunca mais voltei e escapei da cirurgia, por enquanto...

O problema foi que o médico me deu um "balde" de remédios tarja preta que deveriam durar 6 meses. Eram 180 comprimidos para dor que eu nunca tinha usado e não sabia que eram extremamente perigosos se usados junto com álcool. Eu comecei a tomar esses comprimidos e a dor melhorou, pelo menos a física, mas misturado com o álcool que eu sempre tomava, o efeito me fez sentir pior nos dias de ressaca.

Meu vilão me atormentava sem parar com ideias loucas e pensamentos que não me deixavam ter uma vida normal. As vozes começaram a ficar cada vez mais fortes e por conta do sono, eu estava tendo visões. Um dia voltando do trabalho, eu comecei a chorar no carro sem motivo algum e comecei a acelerar. Eu relembrava coisas e escutava tudo o que tinha acontecido em minha cabeça. Algo me empurrava para tentar terminar com isso e eu comecei a acelerar e procurar algo solido para bater. Ao mesmo tempo, eu não conseguia espaço para trocar de pista e não achava uma árvore ou algo assim para bater. Eu queria bater meu carro e terminar com tudo isso, mas não achei a oportunidade. Eu sabia que se tivesse batido o carro e morrido, minha mãe poderia pelo menos ter recebido meu seguro de vida já que não tinha prova de ser um suicídio. Lembrei-me do meu velho amigo Michael e pedi ajuda para achar uma árvore. Nem acredito que eu pedi algo assim para meu anjo da guarda que é contra tudo que eu sempre acreditei... Segundos depois de fazer o pedido ao meu anjo da guarda, eu comecei e ver o rosto de minha mãe chorando com minha morte, chorando por ter perdido o seu único filho, chorando por ter perdido sua eterna batalha depois de tanto tempo lutando. Com isso em mente eu acalmei, tirei meu pé do acelerador e sai da estrada para a primeira praia que pude achar no caminho. Sentei-me na areia olhando para o mar, refleti sobre o que havia acontecido e agradeci por estar vivo.

Essa foi a primeira vez que meu vilão tentou terminar com a minha vida. Minha batalha interior era constante e sem trégua e demorou muito tempo para eu ganhar essa luta. No fim o que derrotou meu vilão foi o amor, o amor de mãe e por fim o amor da minha esposa com que eu casaria um ano depois dessa primeira tentativa. Eu vejo isso somente agora, escrevendo onze anos depois, e sei que foi o amor que me salvou. Amor que sempre foi algo estranho e não muito bem recebido por mim. Amor interno que vem de dentro, sem controle.

Em agosto de 2007 eu fui para minha última missão e dou graças a Deus de ter sido em um navio holandês onde não teve nenhuma operação. Eu não aguentava mais a dor e os meus pesadelos sempre aumentavam, principalmente em operações. Eu estava sempre doente com gripe ou algo no estômago e perdi bastante peso. Foi uma missão rápida de 45 dias e eu nem lembro muito. Comecei a tomar menos remédios, mas o álcool me perseguia mesmo durante essa operação já que o navio holandês tinha um bar.

Voltamos para a base no final da operação e eu recebi a notícia que iria ser transferido em 2008. Nesse tempo eu ainda morava na casa de meus tios e fazia um tempo que eu estava no grupo tático. Eu tinha feito onze missões com o Grupo de Operações Especiais e várias operações em cada missão. Muito acima do que muitos fazem em suas carreiras no grupo. Tinha perdido a conta das operações e tinha visitado vários países do Oriente Médio, África, Caribe e as Américas. Já tinha participado de todo tipo de operação possível, marítima ou terrestre, e estava com o corpo desgastado. Rostos estranhos passavam no corredor do escritório, eram operadores novos, novos "folgados" que achavam tudo isso lindo e não viam a hora de sair para as missões.

Em uma manhã no fim de 2007, eu estava passando pelo escritório da administração e vi um novo membro batendo na porta como eu tinha feito no primeiro dia de minha carreira. Tinha o mesmo olhar de medo, suado e sem rumo. Passei ao lado dele e falei, "entra porra". Ele respondeu, "senhor"? E eu perguntei o que ele estava fazendo ali. Ele contou que tinha ordens para o grupo tático, que estava reportando como indicado nas ordens e me mostrou os papeis. Eu entrei chutando a porta para assustar o pessoal que ficou puto. Rindo, eu o levei até a mesma cadeira que havia me sentado no primeiro dia. Fiquei olhando para aquela cadeira e lembrando que foi nessa mesma que havia sentado mais de tres anos atrás, esperando meu destino. Eu saí dali tirando sarro de todos da administração que não sabem nem atirar e levam o nome do grupo tático, um bando de frouxos, e larguei o novo membro com eles. Mal eu sabia que esse novo membro iria entrar no meu lugar no ano seguinte quando eu saí. Ele me usaria como exemplo para tudo, menos a minha vida pessoal que era um inferno.

21
O FIM DE UMA MISSÃO

No fim de 2007 eu conheci a Priscila. Ela morava em Orlando com seus pais e começamos a conversar depois da apresentação de amigos. Nossa primeira conversa foi através de redes sociais e marcamos de nos encontrar em Orlando. Eu ainda morava com minha tia e um dia tomei coragem para dirigir três horas e finalmente a encontrar pessoalmente. Melhor nem usar a palavra coragem porque eu pedi que um amigo fosse junto até a casa dela.

Começamos a namorar e nos casamos meses depois, sem cerimônia alguma. Nesse tempo minha mãe morava na Filadélfia e tinha comprado um apartamento em Deerfield Beach para investimento. Eu comecei a alugar esse apartamento dela e foi para lá que nos mudamos, eu e minha nova esposa.

Nossa vida era igual a de todo novo casal, tínhamos um cachorrinho e ela ia trabalhar todos os dias em Miami enquanto eu ia para a base atuar como instrutor dos novos membros. Ela não sabia muito do que acontecia no meu trabalho e eu evitava conversar sobre isso para não trazer problemas para casa. Era bom porque eu não viajava mais e nesse tempo parei de beber, pelo menos beber o quanto eu bebia antes. Com ela eu aprendi a amar e foi com ela que eu falei "Te Amo" pela primeira vez. Eu nunca tinha falado, "eu te amo" para ninguém inclusive para minha mãe, então foi algo que não saiu fácil, uma frase proibida que nunca tinha sido falada no meu vocabulário. Hoje eu vejo a importância

189

que esse casamento teve em minha vida porque aprendi muito, mesmo só durando oito anos. Aprendi com ela a ser quem eu sou hoje como marido, e só tenho a lhe agradecer.

Imagino o que ela teve que aguentar com meus pesadelos diários, meus gritos a noite e minhas loucuras que meu vilão jogava no caminho. Ela não sabe, mas vai descobrir se ler esse livro, que ela também salvou minha vida, mas isso eu conto depois na hora certa.

O ano de 2008 chegou e esse era o ano em que eu teria que me transferir de grupo. Um dia antes de ir embora, no caminho da saída, passando pelo corredor, meu comandante me pegou segurando as paredes como suporte para poder caminhar. Fui mandado para o médico imediatamente e sai de lá com a cirurgia marcada para maio. Tentei escapar, mas não consegui, dessa vez fui pego e teria que comparecer no hospital na data marcada.

Maio chegou voando e fiz uma cirurgia para cortar um pedaço de um disco e descomprimir outro disco. Acordei logo depois da cirurgia no hospital e não sentia mais dor. Já era noite e eu nem sabia onde me encontrava. Não havia ninguém próximo porque eu tinha falado para a Priscila e minha mãe que me acompanharam até o hospital, que deveriam ir para casa descansar e voltar no dia seguinte. Comecei a retirar os fios e o soro para ir embora e tocou o alarme. As enfermeiras vieram e não me deixaram sair. Tentei fugir mais duas vezes e numa delas me pegaram no elevador abraçado ao equipamento para não apitar e de bunda para fora já que usava aquele roupão de hospital. Não sei se eu estava meio louco por conta dos remédios ou se era minha própria loucura, mas elas me colocaram na cama e adicionaram algo no meu soro que me fez acordar no dia seguinte.

A ordem do doutor era para repousar por cinco dias e não forçar minhas costas por seis meses. Semanas depois, e com os pontos ainda marcantes nas minhas costas, eu já estava nadando e pulando o muro no teste físico da academia da polícia escondido da minha esposa. Quando ela descobriu que eu tinha passado no teste a frente de 90% dos aplicantes, ela quis me "matar" ... a baixinha era brava.

Eu fiz o teste na Academia de Polícia porque eu queria ter a opção de sair da Guarda Costeira caso fosse mandado para alguma base distante que eu não gostasse. Então resolvi fazer esse teste físico que é a primeira parte no começo da carreira policial.

O ano passou muito rápido e chegou o dia de decidir se ficaria na Guarda Costeira ou não. Resolvi sair porque achava que não aguentaria voltar para uma unidade convencional. Assinei meus papeis para sair e foi marcada a data do meu último dia. Foi um dia extremamente difícil e não convidei ninguém para a cerimônia, aliás ninguém da minha família e amigos sabia que existiu uma cerimônia. O comandante chamou todos da base e nessa cerimonia, ele me entregou uma medalha chamada *Achievement Medal,* ou seja, medalha da conquista que é entregue para militares que chegam ao topo de sua carreira profissional. No total, enquanto estive no Grupo de Operações Especiais prendi 48 pessoas entre traficantes de drogas, fugitivos e alvos do Governo Americano, participei na apreensão de mais de 11 toneladas de cocaína pura com o valor de venda estimado em 350 milhões de dólares. Nesse tempo que trabalhei em nosso grupo, recebemos o prêmio do Escritório Nacional de Controle ao Tráfico de Drogas *Golden Eagle Award* que escolhe o melhor grupo entre todas as agências federais.

Depois da cerimônia ele pediu para eu dizer algo. Segurando uma lagrima que não desistiu e levemente molhou meu rosto, eu agradeci meus irmãos, falei algumas palavras e parti sem dizer adeus, sem ficar para a comemoração, sem olhar para ninguém que ali estava… simplesmente fui ao escritório pegar minhas coisas e fui embora.

Nesse dia o meu vilão veio com força para me atormentar e eu fui beber sozinho, em casa, escondido. A Priscila só chegaria às 6:00 p.m. do trabalho e ainda era 10:00 a.m., pensei que se eu bebesse vodca, não teria o cheiro de álcool no corpo como as outras bebidas. Tomei de uma vez só para ficar bêbado rápido e poder melhorar até ela chegar. O problema foi que eu sempre andei armado e nesse dia eu estava com um revólver de seis tiros. Meu vilão apareceu e me convenceu tentar uma roleta russa. Para quem não sabe, roleta russa é quando você deixa somente uma munição no tambor do revólver, roda e o fecha sem saber onde está essa munição, aponta a arma para a cabeça e puxa o gatilho. A chance de disparar é de 1 em 6, só que não satisfeito depois de puxar a primeira vez e não disparar, eu puxei a segunda logo em seguida. Ao sentir o segundo click eu me dei conta do que estava fazendo e antes de puxar o terceiro eu parei na metade do caminho. Coloquei a arma na minha frente, fechei os olhos e comecei a pensar na cena de minha esposa chegando em casa e encontrando o marido morto com metade do cérebro na parede. Comecei a passar o filme na minha cabeça disso tudo acontecendo em detalhes e vi o desespero dela, isso partiu meu coração e não consegui continuar. Guardei a arma e fui tomar um banho que durou duas horas. Falei muito com meu anjo da guarda e depois desse dia parei por um tempo de beber. Priscila chegou em casa às 6:00 p.m. como esperado e eu tinha feito o jantar. Não notou nada e a vida continuou, literalmente. Mais uma vez o amor tinha salvo a minha vida e o vilão tinha sido derrotado.

22
A VIDA DE CIVIL

Eu saí da Guarda Costeira e tirei algumas semanas em casa para me preparar para a vida civil. Não deu tempo de a ficha cair e perceber que eu estava fora do grupo e longe de meus irmãos, então eu ainda não tinha passado pela pequena depressão que procede após essa separação e atinge tantos veteranos. Eu tinha me aplicado para o Departamento de Polícia de Boca Raton na Flórida, o mais difícil de entrar por ter um requerimento acadêmico acima da maioria. Boca Raton só aceita policiais com faculdade completa ou veteranos militares e esse foi o único jeito que eu consegui me aplicar para a posição. Claro que o que me interessou foi saber que era o departamento mais difícil de entrar, e como sempre na minha vida, eu considerei isso como um desafio e queria provar que conseguiria. Para passar o tempo, eu fui trabalhar com um amigo na instalação de TVs e sistemas de som. Foi um trabalho bom e deu para descontrair, os meses passaram e um dia fui chamado por telefone pelo Departamento de Polícia de Boca Raton para fazer o teste e entrar na Academia de Polícia. O teste físico eu já tinha feito logo após a cirurgia em maio e agora faltava o teste psicológico entre outros. Fiz todos os testes, passei e segui para a Academia de Polícia de Broward que fica em Davie Flórida.

Foram seis meses de academia e pra mim a parte física foi relativamente fácil se comparada com o militar. Nosso dia a dia era chegar na academia às 07:00 a.m. e atender as classes até o meio dia onde tínhamos uma hora para o almoço. Depois das 1:00 p.m. horas até às 6:00 p.m. tínhamos a parte pratica. Foi muito estudo e essa foi a única parte difícil porque você precisa estudar muitas leis estaduais para conseguir passar no teste. Quando eu chegava à noite, jantava e ia estudar para o próximo dia. Isso foi bem estressante para nosso casamento, mas ficamos firmes até o fim dos estudos da academia. A graduação foi em 19 de maio de 2009, justamente no meu aniversário.

Logo após terminar a Academia de Polícia, eu fui trabalhar no Departamento de Polícia de Boca Raton. O departamento era pequeno e funcionava com três grupos trabalhando dias diferentes todas as semanas. No começo eu trabalhei em vários setores diferentes do departamento para aprender tudo sobre como era ser policial nessa cidade. Ao mesmo tempo, eu andava com outros policiais durante o dia para ajudar no que fosse preciso, sendo um tempo em que aprendi muito observando os policiais atuarem. Depois desse período, fui trabalhar direto com outro policial por seis meses até se acostumar e demonstrar ser responsável para trabalhar sozinho.

Por ser um dos lugares mais difíceis de entrar, o Departamento de Polícia de Boca Raton é um dos mais bem pagos no estado da Flórida. Eu estava feliz por estar ganhando mais dinheiro do que quando era militar, mas o stress de ser policial não era nada fácil.

O stress de um Grupo de Operações Especiais é muito alto com picos altos e baixos, porem dura por pouco tempo somente durante a operação, e você não levava os problemas para casa e consegue ter uma vida comum. A vida de um policial é um stress constante e você acaba levando todos os problemas para casa, afetando a família. Como policial, você acaba vendo o pior das pessoas que você nunca imaginaria como por exemplo uma mãe espancando ou matando o próprio filho, ou filhos espancando pais idosos para roubar dinheiro e comprar drogas. Na área militar o foco é acabar com um problema e faz isso rápido sem ter que pensar muito, porem como policial você precisa atuar conforme as leis sem poder fazer muito. Em outras palavras, o policial de hoje em departamentos como o de Boca Raton precisa "engolir muito sapo", e leva muito desaforo para casa.

Como eu tinha passado muito tempo no Grupo de Operações Especiais, não sentia algo que me motivasse ou animasse tanto na vida policial. Tudo o que acontecia de extraordinário para os outros policiais, na realidade não me afetava muito e isso poderia significar desinteresse de minha parte para os outros policiais. Um exemplo foi quando uma senhora morreu afogada depois de escorregar na beira de um lago e bater a cabeça em uma pedra. Um dos detetives que ali estava veio perto de mim "se achando" e falou, "recruta" aposto que esse é seu primeiro corpo, eu sorri e disse, "Sim, mais ou menos isso". Sai andando e fui ao meu carro terminar uns relatórios que ainda faltavam colocar no sistema. Deveria ter uns trinta policiais ali, observando a morte de alguém que teve o azar de perder a vida com algo tão simples, nada demais no meu caso, mas soube que um dos policiais ficou indignado de eu não demonstrar interesse.

Várias vezes eu parei pessoas por alguma infração de trânsito e deixei seguir sem dar uma multa, alias em todo o tempo que estive lá, eu só me lembro de uma multa que dei para um motorista que andava acima da velocidade perto de uma escola enquanto alunos saiam dali.

Uma ocorrência engraçada foi quando um indivíduo foi preso por atormentar um pastor local e sua família. Ele era meio louco e falava que Deus queria mandar uma mensagem para o pastor, e falava nada com nada. O indivíduo já tinha sido preso antes e era obrigado a usar uma tornozeleira que tinha um monitor eletrônico que acusava quando ele estivesse longe de sua casa. O pastor morava em Boca Raton e o indivíduo morava na cidade ao lado chamada Deerfield Beach que era dividida por um canal conectado por uma ponte. Nós fomos chamados e ali estava o cara sentado na frente da casa do pastor com um sorriso enorme. Os outros policiais o prenderam, mas não entendiam como ele havia chegado de outra cidade sem a sua tornozeleira acusar. Eu fui até o carro onde ele estava e com meu "treinamento" militar descobri como ele tinha feito isso. O aparelho tinha um alcance alto dando-lhe liberdade de ficar sempre a uns metros de casa sem a unidade identificar que ele tinha fugido. Por conta de falta de luz durante os temporais locais, esse aparelho tinha uma bateria reserva que aguentava várias horas sem eletricidade. Por conta disso, ele carregou esse aparelho embaixo do braço até metros da casa do pastor, o escondeu em um arbusto e foi bater na porta da frente. Ele foi preso e dessa vez não iria mais responder o crime em casa com uma tornozeleira, mas sim dentro de uma cadeia.

Eu comecei a trabalhar somente a noite e essa hora o meu vilão tinha mais poderes. Eu ficava no carro e os pensamentos apareciam de repente. Eu sentia saudades do grupo e não me sentia "em casa" no Departamento de Polícia. É um sentimento ruim, quando você não se sente parte do time e eu acho que meu erro foi escolher um departamento onde a maioria tinha vindo da faculdade. Eu percebia que muitos deles se achavam melhores do que um militar por terem um estudo superior. Como somente o departamento tinha quatro militares e nenhum trabalhava comigo, eu era o único no meu esquadrão e me sentia só, me sentia inferior.

O stress do trabalho e esse sentimento de estar "fora de casa" afetou a minha relação com Priscila. Quando eu chegava em casa, ela estava saindo e quando ela chegava em casa à noite, eu estava saindo para trabalhar. Eu, na realidade, nem sei como ela aguentou tudo isso, mas um belo dia eu não aguentei. Estava trabalhando e fazia uma semana que eu não dormia direito. Sabe quando você se sente um zumbi, parecendo que o corpo está amortecido com a reação em câmera lenta? Pois é, isso pode acontecer com qualquer um, menos alguém que esteja armado atuando como policial e protegendo pessoas. Eu fiz uma ocorrência onde estava dirigindo e senti meu corpo dormir enquanto eu dirigia, passando um sinal vermelho sem tocar no freio. Meu parceiro nem notou porque ele estava falando no rádio e anotando a informação da chamada.

Quando chegamos, eu estacionei o carro de frente, bem no lugar onde deveríamos atender a chamada, expondo nossa retaguarda e enfurecendo meu parceiro. Eu notei que estava me sentindo mal e nem prestei atenção no que ele falava até ele gritar e eu acordar de meu transe, parecia até que eu estava drogado. Na ocorrência eu não consegui anotar nada do que estava acontecendo e o meu parceiro fez tudo. Eu simplesmente estava ali em corpo, mas não me lembro de nada. Depois ele dirigiu de volta ao departamento. Sentei-me para conversar com ele e falei que estava passando uma fase ruim, que não achava seguro eu estar na rua naquela situação e pedi para ir embora. Ele concordou, falou com o sargento e fui embora. Cheguei em casa e estacionei o carro às 3:30 a.m. na frente de casa e desabei, comecei a chorar sem parar. Chorei ali até amanhecer e entrei em casa como se nada tivesse acontecido. Pensei em beber, mas consegui me deitar antes de fazer algo errado.

Devo ter dormido umas três horas e acordei às dez horas com os mesmos pesadelos de sempre. Sentei na sala e comecei a pensar na vida. Já tinha passado um ano na polícia e eu nem me lembrava do que tinha feito. No militar eu sentia orgulho de usar o uniforme, de poder ajudar pessoas, de prender pessoas ruins, de salvar vidas. Na polícia, eu me sentia como outro policial que só estava ali para preencher o uniforme e ganhar um salário. O meu sonho de criança se tornou realidade e, no entanto, eu estava prestes a desistir, e isso eu nunca tinha feito na minha vida. Entre lagrimas e pensamentos, eu decidi ir ao departamento falar com o meu sargento e pedir ajuda. A sua recomendação foi falar com uma psicóloga e marquei para o mesmo dia.

Como sempre, a psicóloga falou que tudo que eu falasse iria ficar ali e que ela somente poderia recomendar algo para o departamento. Ela fez as mesmas perguntas e lá estava eu mais uma vez na minha vida, deitado em um banco falando sobre meu passado, só que dessa vez com uma profissional civil, e acho que ela não entendeu meu sarcasmo militar e encerrou em quarenta minutos.

No próximo dia eu voltei para o departamento e fui direto para o escritório do capitão. Nele estava meu sargento e outro oficial me esperando, e fui pego de surpresa. Pediram para eu me sentar e começaram um sermão moral que foi tão importante ou marcante que eu não lembrava de uma só palavra nos 30 minutos seguintes depois que sai dali. Enquanto eles falavam, eu via uma carta na minha frente, mas não conseguia ler, só notava que tinha meu nome e um espaço para assinar. Depois de falarem tudo, ele empurrou essa carta e pediu para eu assinar. Foi ali que me dei conta que era uma carta de renúncia e devo ter lido umas cinco vezes. Perguntei se deveria assinar naquele momento e com um gesto da cabeça, ele falou que sim.

Em segundos, o mundo desabou, pois eu estava assinando algo que poderia me arrepender e muito. Eu sempre sonhei em ser policial e aos poucos, em cada linha da minha assinatura eu jogava esse sonho fora. A cada ponto em que a caneta encostava no papel, eu lembrava de meu passado de criança vestindo uniforme e falando que ia ser policial um dia. Foi a assinatura mais longa de minha vida, e eu não estava acreditando que estava fazendo aquilo.

Logo depois de assinar, o meu sargento pediu para eu entregar a minha arma e o distintivo e falou que ia seguir até minha casa para buscar os uniformes e equipamento. Senti uma humilhação eterna e um sentimento de abandono depois de tantos anos. Eles simplesmente pediram para eu assinar, pegaram todo o equipamento e tchau. Por muito tempo eu nem passava pela cidade de Boca Raton por ter vergonha de tudo isso, por me sentir fracassado, por ainda ter aquele gosto ruim do que aconteceu, mas hoje eu vejo que foi para o melhor, que eu precisei disso para ver que ser policial não era pra mim. Nem tudo na vida foi feito para você e às vezes precisamos chegar a algum ponto para ver que não pertencemos ali, que isso passou em nossa vida para ser um aprendizado e nada mais do que isso. Agora eu agradeço por ter passado essa experiência na polícia. Mostrou que esse sonho que sempre tive não era pra mim e sem ter passado por isso, eu nunca iria saber. Hoje eu entendo, mas naquele tempo foi outra história, eu fiquei revoltado.

Eu tinha conversado pouco com a Priscila sobre isso e ela sempre me apoiou em tudo, ela sabia que eu tomaria a decisão correta e estaria ao meu lado de qualquer forma. Quando ela voltou para casa do trabalho e me encontrou sentado no sofá deve ter notado que eu tinha chorado. Eu me sentia um fracassado e sem rumo, não sabia o que fazer da minha vida, qual rumo tomar, eu estava completamente perdido e sem saber o que fazer. Esse foi o começo de uma depressão que durou uns meses e que testou nosso casamento ao extremo.

23
RECOMEÇO

A dor maior que mais estressa um veterano é deixar a família militar. Estar dentro de um grupo militar, principalmente um Grupo de Operações Especiais é como estar numa matilha de lobos. Você pertence a uma família, a um grupo especial e daria sua vida para salvar um deles. Quando você sai, você perde essa família e o sentimento de arrependimento é seguido pelo de culpa levando muitos à depressão e em casos ao suicídio.

Eu falo bastante aqui sobre suicídio porque passei por isso e acho que é algo importante. É algo que te corrói por dentro e persegue seus pensamentos. No meu caso o que me salvou foi o amor de outras pessoas e pensar na dor que eu traria para eles. Por isso é importante que quando alguém estiver passando por isso, essa pessoa sinta amor e se sinta amado por alguém. Isso pode impedir que essa pessoa faça algo extremo como o suicídio.

Depois de sair da polícia, eu fiquei semanas senão meses, deitado no quarto jogando vídeo games enquanto a Priscila trabalhava. Eu tinha vergonha de sair de casa e me trancava no quarto jogando vídeo games de guerra contra outros jogadores online. Aquilo me distraia e me tirava da vida real e hoje eu acho que foi algo que me ajudou a ficar longe do álcool e do meu vilão. Eu começava a jogar assim que ela saía de casa e só parava quando ela chegava. Nessa época eu ganhava auxílio desemprego e as contas estavam pagas, mas isso não duraria por muito tempo e logo comecei a me preocupar com o que fazer da minha vida. Vendo a depressão em que eu estava, Priscila pediu para seu pai se teria uma posição na empresa dele dirigindo caminhões e comecei uma semana depois. O trabalho como motorista durou pouco tempo pois decidimos nos mudar para o Brasil e tentar uma vida nova... que durou seis meses.

Mudamos para o Brasil em 2012 para tentar uma vida nova na cidade de São Paulo onde eu tentaria vender um produto em que eu tinha exclusividade, mas logo percebi as dificuldades de um país corrupto. Para que eu pudesse vender esse produto, eu precisaria cadastrá-lo na Anvisa e para isso acontecer rápido, eu precisaria pagar alguém por fora, coisa que me neguei e o negócio nunca andou. Ficamos vivendo em São Paulo na casa dos tios da Priscila por seis meses e o nosso casamento desabou. Os tios dela foram como anjos que nos ajudaram em tudo, acolhendo um casal em seu lar e nos tratando como família. Tia Lenu como ainda a chamo foi super especial e tentou ajudar em nosso casamento pois eles viram que as coisas estavam ruins. Luiz, uma pessoa sempre animada que já faleceu a alguns anos, também foi uma pessoa especial que ajudou em tudo o que pode. A prima da Pri chamada Katy saia de sua rotina para nos ajudar em tudo que precisávamos e era ela que escutava e aconselhava a Priscila em todo esse stress que estávamos passamos.

Morar na casa de alguém não é fácil e eu andava estressado com tudo, sem previsão de nada acontecer e sem rumo. Ao mesmo tempo, Priscila me culpava por estar ali e ter tomado essa decisão de se mudar e foi a primeira vez que nos separamos. Ela mudou a passagem e voltou para Miami antes do programado, e quando eu voltei aos Estados Unidos ela já não estava me esperando e fui para a casa de minha mãe. Foram momentos muito difíceis e eu chorei por dias sem parar, deitado na cama sem sair do quarto. Minha mãe praticamente implorava para eu sair e comer algo. Aquele sentimento de abandono voltou e não conseguia acreditar que alguém que me amasse teria me deixado nessa época tão difícil. Logo depois comecei a sair, a beber e fui trabalhar com um amigo instalando fiação de cabo em prédios do centro. Meses depois descobri que ele me roubava e não me pagava pelo trabalho e desisti. Uma semana depois de eu sair desse trabalho comecei a conversar com a Priscila e voltamos. Mudamos para Miami e recomeçamos nossas vidas com um trabalho novo como motorista de caminhão do meu sogro Tadeu.

A família da Priscila era bem próxima. Meu sogro Tadeu e sua esposa Nancy tiveram quatro filhas e Priscila, sendo a mais velha da turma, seguida por Camila, Tarcila que tem uma filha chamada Gaby e Marcela com duas filhas, Gigi e Juju como todos a chamavam. Eles sempre se encontravam nos feriados e era uma bagunça na casa das nove mulheres com a Biza, Nancy, Pri, Camila, Tarcila, Marcela, Gaby, Gigi e Juju. Meu sogro Tadeu foi como um pai que eu nunca tive e sempre me ajudou em tudo que precisei. Ele tinha um amor inigualável pela família e aprendi muito com ele também.

Meu trabalho como motorista de caminhão não foi tão fácil quanto eu esperava. Acordava às 3:30 a.m. e seguia para o armazém para carregar o caminhão para as entregas. Depois de carregar sozinho, eu partia para a rota que durava em torno de quatro horas. Terminava por volta das 2:00 p.m. e voltava para casa. Em casa eu ficava procurando negócios para fazer e tentar sair dessa vida de caminhoneiro.

O ruim desse trabalho era que eu acordava de madrugada e por conta disso tinha que dormir às 8:00 p.m., só podendo dormir um pouco mais aos domingos. Não tínhamos vida noturna porque eu estava sempre cansado e sei que foi difícil para a Priscila, mas como sempre ela esteve ao meu lado forte e firme.

24
NOVA CARREIRA

Enquanto eu trabalhava no caminhão, Priscila tentou uma nova carreira como corretora de imóveis. Para fazer isso precisaria de uma licença especifica o que requer muito estudo e aulas na escola de Real Estate. Eu, vendo a empolgação dela, decidi fazer também e pegamos as nossas licenças. Ela decidiu trabalhar na Legacy Plus Realty uma empresa brasileira e eu fui tentar entrar na melhor e mais difícil de todas, como sempre. Procurei a melhor dos Estados Unidos e fui direto nela. Não aceitaram falar comigo porque eu era novo e eles não pegam pessoas novas para trabalhar, somente pessoas que tem um tempo no mercado e uma renda de, no "mínimo" 150 mil doláres por ano. Eu levei isso como um desafio e fiquei perseguindo o diretor da empresa até conseguir uma reunião. Sentei-me na frente dele e mostrei que eu seria o melhor corretor em um ano, que seria o primeiro a entrar no escritório e último a sair e que trabalharia o dobro de todos. Depois de muita persistência, ele aceitou e fui o primeiro a ser recrutado sem experiência alguma nessa empresa.

Enquanto eu estava em processo para começar nessa nova empresa, a Priscila já estava atuando na Legacy, que é de um brasileiro chamado Jacob Abdala. Eu tinha tido más experiências com brasileiros e pensava que nunca trabalharia em uma empresa como essa... pois é, nunca diga nunca. Eu mudei para a Legacy depois de três semanas e comecei a trabalhar ao lado de minha esposa.

O começo como corretor é difícil, mas se levar isso como desafio e for determinado, você chega longe. Por ser um trabalho que você só ganha comissão, só colhe os frutos que plantar e com mais trabalho e tempo que você coloca mais você ganha, simples assim. O problema da profissão do corretor é que a maioria acha que por ser autônomo, ele deve trabalhar quando quiser e como quiser. Uma boa porcentagem dos corretores não tem disciplina e acaba desistindo ou é obrigado a procurar um emprego com renda fixa para sobreviver. Nisso eu me dei bem porque sempre fui determinado e meu foco desde o início era ser o melhor em tudo que faço.

A Legacy tinha em torno de quarenta corretores, todos brasileiros morando na área de Boca Raton. Eu e Priscila éramos os únicos que viviam em Miami e no começo isso nos ajudou atendendo clientes que procuravam nessa área. Eventualmente a Legacy abriu um escritório em Miami onde mais tarde eu me tornei gerente. No começo, o meu objetivo foi procurar o melhor corretor da empresa e seguir todos os seus casos. No caso da Legacy foi o dono mesmo e o segui em tudo. Sabia que se ele era o melhor e o mais determinado, eu seria também e aprendi tudo, observando como atuava e falava. Aprendi muito sobre o mercado e devo minha carreira de corretor a ele.

Em maio de 2015, eu fui sozinho ao Brasil fazer um evento do mercado imobiliário e quando voltei Priscila tinha feito sua mala e iria ficar na casa da irmã por uns dias. Essa era a segunda vez que ela me deixava. Eu tentava entender, mas como a maioria dos homens não achava motivo, pois sempre achei que o nosso casamento era perfeito. Foi um tempo ruim, mas algumas semanas depois voltamos novamente e parecia que tudo tinha voltado ao normal. Mudamos do apartamento antigo e começamos a morar em outro, com vista para o mar a poucas quadras do escritório novo da Legacy. Nesse tempo eu era gerente do escritório e me dedicava muito ao trabalho. Esse foco e determinação podem ter sido fatores para que nosso casamento ter, aos poucos, evaporado e em agosto de 2016 nos separamos pela última vez.

Eu agradeço o casamento que tive com Priscila. Foram anos maravilhosos, mas não duraram. Tivemos períodos altos e baixos como acontece em todo casamento, mas o meu aprendizado é o que mais valorizo. Nesse casamento eu aprendi a falar "te amo" pela primeira vez na minha vida, e aprendi a realmente amar e a me deixar ser amado. Sem esse casamento e o seu amor, eu não seria a pessoa que sou hoje, acredito que ainda seria uma pessoa extremamente fria como era quando ela me conheceu. Saí desse casamento sabendo que tentei de tudo, mas que Deus tinha outro caminho traçado para a minha vida e para a vida dela. Acredito que tudo tem um motivo na vida mesmo que não entendemos, porem no final, tudo sempre dá certo. "Obrigado Priscila".

Pedindo a Dani em casamento. Central Park, NY -
Foto de Richard Rasmussen - Acervo Pessoal.

Fotos antes do casamento com a Dani
sobrevoando Las Vegas - Acervo Pessoal.

25
VIDA NOVA, NOVO AMOR

Eu tenho um amigo distante que hoje considero irmão chamado Richard Rasmussen. No Brasil ele é famoso por suas aventuras com animais do mundo todo e por ser um biólogo respeitado por suas iniciativas ambientais. Eu o conheci em 2012 quando morei no Brasil e nunca imaginei que seriamos amigos ou irmãos como hoje. Na época, ele tinha um projeto para a TV sobre armas. Filmamos um piloto e ele apresentou para vários canais sem sucesso. Deixamos o piloto de lado e continuamos amigos até hoje.

Imagine um cara louco pelo que faz, determinado como nunca vi e com uma energia incrível… Ele simplesmente nunca para e está constantemente se adaptando às mudanças em sua carreira. Um batalhador que nunca desiste e é sempre o centro das atenções onde aparece. Sempre me dei bem com ele por sermos iguais em muitas coisas.

No tempo que me separei pela última vez, Richard era casado com a Rhenata Schmidt, outra louca divertida que está sempre sorrindo e de bem com a vida, a qual considero uma grande amiga pois está sempre disposta a escutar e consolar qualquer problema, pronta para o que for preciso. Em novembro de 2015, enquanto o Richard estava em Orlando gravando, eu subi de Miami para visitá-lo. No caminho, eu decidi ligar para a Priscila e conversar sobre o nosso casamento, pois legalmente ainda estávamos casados. Tentei voltar, mas ela tinha perdido o encanto e a decisão foi o divórcio e cada um tocar suas vidas. Pensei muito, senti raiva de tudo que estava acontecendo, mas agradeci a Deus por tudo. Convenci-me que ali era o ponto final de um capítulo da minha vida e pedi a Deus e ao meu anjo da guarda para me guiar ao próximo. Cheguei à cidade e eu e Richard fomos a um parque aquático para relaxar. Voltamos para o quarto e ele ligou para a Rhenata usando o Face Time do telefone e foi assim que eu vi a Dani pela primeira vez, jantando com a Rhenata. Algo nela me atraiu e após esse dia eu comecei a conversar com ela todos os dias pelas redes sociais. Richard e Rhenata já tinham marcado de me visitar em Miami no fim do ano e a Dani viria visitar seu irmão que morava aqui chegando no dia 30 de dezembro para ficar por uns dias. Como algo do destino, meu divorcio foi marcado e caiu bem no dia 29 de dezembro, um dia antes da Dani chegar.

No dia 30 de dezembro eu acordei nervoso como um adolescente sem saber qual roupa usar para ir buscá-la no aeroporto. Corria para todo lado procurando o que usar e no fim fui vestido como sempre com calção, camiseta, chinelo e boné... meu uniforme favorito. Fui até o aeroporto com medo de me atrasar e esperei por duas horas até ela sair.

Junto estava o Mikie, meu cachorrinho guerreiro que sempre está comigo como um anjo da guarda. Mikie é um cachorro que parece mais humano do que muitos humanos. Ele não late, está sempre de bem com tudo e todos, e tem uma personalidade marcante. Ele esteve ao meu lado durante minha depressão, sempre deitado comigo e sentindo a minha dor. Ele sente quando alguém está doente e fica ao lado da pessoa, lambendo e dando atenção. Uma pena que esses bichinhos vivem tão pouco tempo.

Eu e Mikie esperamos a chegada dela e de longe, eu já conseguia ver uma morena linda que se destacava no meio daquela confusão de passageiros, uma pessoa que chamava a atenção e olhares de todos. Ela veio desfilando, fazendo de conta que não me via e quando chegou na minha frente foi aquele olhar de fim de passarela, antes de virar. Me abraçou e foi amor à primeira a vista.

Eu andava nas nuvens com a Dani e passei dois dias mostrando Miami para ela., junto com meu amigo Junior. Nós andamos por toda cidade, conhecendo restaurantes e tudo mais. Na véspera do Ano Novo eu não aguentei e chamei a mãe da Dani, a Magda, e pedi a Dani em namoro. Queria a aprovação dela pois sabia que o pai tinha a fama de durão e controlava com quem ela saia e que horas voltava para casa. Depois de pedir autorização para a Magda e pedi também para os dois irmãos, o Daniel que mora no Brasil e o Rafael que morava na Flórida nesse tempo. Eles devem ter achado o fim do mundo que um cara barbado de 36 anos estivesse pedindo autorização para namorar alguém. Fomos todos para um hotel em Miami Beach para comemorar a virada e a meia noite eu pedi ela em namoro. Ela nem sabia o que falar pela surpresa e me beijou, e eu imaginei que era um sim.

Dias depois a Dani regressou ao Brasil e o nosso namoro foi a distância. Namorar a distância é difícil, mas como eu viajava sempre ao Brasil, acabei a revendo. A Dani trabalhava no SBT no programa da Praça é Nossa e no Ratinho. No programa da Praça ela atuava com o comediante Matheus Ceará que é como um irmão para ela, eles se dão muito bem e hoje o Matheus é como um irmão meu também. Dani começou a trabalhar aos 15 anos no mundo artístico e essa era sua paixão, adorava atuar e participar dos programas de TV. Uma mulher durona e carinhosa ao mesmo tempo, extremamente organizada com detalhes da casa, amorosa e sempre de bem com a vida. Ela sempre está rindo, sempre de bem, não tem dia ruim. Eu precisava disso e foi isso que mais me atraiu nela, e considero que tê-la conhecido foi um presente de Deus.

O ano de 2016 foi bem corrido, pois eu viajei quatro vezes para o Brasil e a Dani veio cinco vezes me visitar. Eu já era diretor de vendas da Legacy e trabalhava muito, as vezes ficando até às 3:00 a.m. no escritório da Brickell terminando algo. Meu foco era o trabalho e isso me deixava longe do meu vilão e de suas vozes. Com a queda do mercado imobiliário da área da Brickell em Miami, eu vi uma oportunidade de me mudar para Orlando e abrir um escritório para atender a demanda de brasileiros. Fechei sociedade com o Jacob e abrimos um escritório. Aluguei um caminhão e me mudei para Orlando no começo de novembro. O meu amigo Junior e sua esposa Glau (naquele tempo namorada) me ajudaram na mudança e lá fomos nós, eu e meu escudeirinho Mikie no colo, em mais uma mudança.

O final de 2016 chegou e resolvemos comemorar com uma pessoa que acabou virando um grande amigo, Carlos Alberto de Nobrega do programa de TV A Praça é Nossa. Eu sempre o assistia desde criança, e foi até estranho estar ali com ele nos divertindo. Nunca imaginei conhecê-lo e não sabia que ele seria uma pessoa tão boa, com um coração enorme e uma energia invejável. Comemoramos a virada com ele, sua noiva Renata e seus dois filhos. Passamos mais frio do que qualquer outra coisa, mas foi bem legal estar com eles.

Meus pesadelos somente apareciam algumas vezes no mês e eu estava me acostumando com a vida civil. Meu foco era o trabalho, ser feliz e cuidar de mim mesmo. Eu ainda sentia saudades do grupo tático, mas estava feliz por ter uma vida nova, uma relação nova. Estava me sentindo bem no meu novo lar, numa cidade nova e seus desafios.

Em maio de 2017 a Dani se mudou para Orlando e sei que foi uma decisão muito difícil para ela. Largar a carreira que ela tanto amava e a família para uma vida com incertezas em terra estranha não é fácil. Em julho desse mesmo ano eu a pedi em noivado numa tarde maravilhosa no Central Park na cidade de Nova York. Estávamos visitando a cidade com o Richard e a Rhenata e tramei tudo com ele. Ele levou a aliança no bolso enquanto eu procurava algum lugar para pedi-la em casamento.

Andamos por algumas horas até que chegamos em frente a uma fonte. Eu nunca tinha visitado esse parque e como se fosse o destino essa fonte tinha uma estátua de um anjo chamada Bethesda Fountain. Senti que teria que ser ali e fiz o sinal para o Richard que trouxe o anel escondido. Me ajoelhei e pedi a Dani em casamento, seguido dos aplausos de Richard e Rhenata.

Eu já estava morando com a Dani nesse tempo e ela me surpreendeu, assim como continua me surpreendendo todos os dias. Ela tem um amor imenso e está sempre cuidando de mim e do Mikie que tem loucura por ela e eles passam os dias juntos em casa enquanto ela cuida de tudo. Sei que não é fácil me aguentar por eu ser uma pessoa dura com todos e temos até um apelido em casa que ela me chama, "ranz" de ranzinza. Eu aceitei esse apelido porque sei que sou mesmo, mas ela sabe que a amo e esse é o meu jeito de ser.

Em outubro de 2017 nos casamos em Las Vegas, dentro de um helicóptero sobrevoando a cidade durante a noite. Claro que foi surpresa o local do casamento porque eu tinha medo que Dani não aceitaria casar-se dentro de um helicóptero comigo sendo que já tive algumas "aterrisagens fortes" dentro deles no meu tempo militar. Mas deu tudo certo.

Viajei muito em 2017 e 2018 para o Brasil para fazer eventos imobiliários apresentando projetos novos para investidores. Dani sempre tomou a frente e cuidou de tudo em casa muitas vezes sozinha, mas sempre sorridente e de bem com a vida. Isso me ajuda muito a crescer na minha profissão focando nas coisas importantes do dia a dia. Nossa casa é sempre cheia de felicidade e amor e é isso que todos nós queremos.

No fim de 2017 eu decidi que precisava de mais um desafio e resolvi estudar para fazer o teste de construtor. Esse é um dos testes mais difíceis do estado e requer estudar dezessete livros monstruosos que ensinam tudo sobre a construção civil. Estudei por sete meses e em 2018 fiz os dois testes estaduais sendo um com a duração de quatro horas e meia e o outro de nove horas. Hoje tenho a licença de construtor e montamos uma construtora chamada Petrum.

26
EL CAMINO

Depois de ler sobre o caminho de Santiago de Compostela em 97, eu fiquei com isso na cabeça e foi algo que sempre me atraiu, sempre pensava em fazer, mas nunca tinha tempo. Eu já tinha conversado com o Richard Rasmussen e ele tinha concordado em ir, mas também não tinha tempo. Em 2018 conversamos novamente, tomamos a decisão de fazer o caminho e compramos imediatamente as passagens para não pular fora mais uma vez. Ele convidou dois amigos, Flavio e Fúlvio que se tronariam nossos irmãos depois da caminhada.

Exatamente na data do meu aniversário, 19 de maio, eu parti para Madrid. Esperei eles chegarem do Brasil no dia 21 e partimos de trem para a cidade de Gijón no norte da Espanha, o começo da caminhada. Decidimos percorrer o caminho do Norte, o mais temido pelos peregrinos por ser na costa e ter muitas montanhas.

A viagem de trem durou cinco horas e foi lá que tivemos mais tempo para nos conhecer melhor e interagir. Todos bebiam vinho no bar do trem e apreciavam a maravilhosa vista das montanhas em que esse caminho cortava. Richard, como sempre, brincava e tirava "sarro" de tudo, principalmente de mim. Uma das pessoas mais determinadas, focada em seu trabalho e que é o centro das atenções por onde anda. Não por ser famoso, mas por ter essa energia própria, atraindo todos ao seu redor. Fúlvio por sua vez, sempre brincalhão, ria e se divertia o tempo todo. Ele é dono de uma das maiores fabricas de quimonos no Brasil chamada Dragão. Flavio, um cervejeiro nato conhecido no seu ramo, demonstrava a sua liderança e o seu conhecimento. Notava-se que é uma pessoa 100% dedicada ao que está fazendo, inclusive na caminhada que o testou até o fim enquanto ele perdia uma das unhas do dedão do pé sem desistir.

Chegamos em Gijón e fomos direto ao hotel para nos preparar para a manhã seguinte.

Começamos nossa caminhada numa manhã chuvosa e fria no dia 22 de maio e foi o começo de uma aventura que nos marcaria para sempre e levou 350 quilômetros de muito suor, sangue e lagrimas.

Achamos a marca da concha na calçada, que simboliza todo o caminho de Santiago. Seguindo os sinais da concha e das setas amarelas chega-se na Catedral de Santiago de Compostela.

Estávamos animados e com seus propósitos. No entanto, o caminho é diferente para cada um que desenvolve um sentimento próprio sobre ele. Uma coisa que eu posso falar, e que todos concordam, é sentir uma energia que te faz caminhar e caminhar sem parar, sentir uma vontade de chegar ao fim do caminho e sentir uma saudade imensa ao terminar.

Ainda na cidade de Gijón nos perdemos pela primeira vez e uma senhora nos guiou para o caminho certo. Eu chamava essas pessoas de anjos e no percurso encontramos oito desses anjos que nos salvaram de errar o caminho e nos levaram para a direção correta. Assim como na vida, temos nossos próprios anjos que nos guiam para o caminho correto.

Depois de partir de Gijón, chegamos a uma estrada que ficava ao lado de uma mina de carvão por debaixo de uma ponte onde caminhões passavam quase raspando na ponte e foi por ali que caminhamos, numa situação bem perigosa. Ao passarmos por essa ponte, vimos um senhor que abanava as mãos nos informando que estávamos no caminho errado. Ele vestia uma camisa azul e apareceu do nada no meio dessa estrada onde somente caminhões passavam levantando uma poeira preta do carvão. Ele nos guiou de volta pela estrada e nos mostrou para onde andar, nos colocando no caminho correto e nos salvando quilômetros perdidos.

Horas depois paramos em uma lanchonete na beira de estrada e lá encontramos uma senhora que aparentava ter entre sessenta a setenta anos de idade. Ela era holandesa e conversava sorridente com o Richard do lado de fora da lanchonete. Ela comentou que caminhava vindo da Holanda, passando pela França e agora estava na Espanha a caminho de Santiago de Compostela. Já estava caminhando a três meses e a primeira pergunta que surgiu foi porque ela estava fazendo essa caminhada. A resposta me surpreendeu e marcou a minha caminhada e a minha vida para sempre. Ela pensou por uns segundos e falou, "estou caminhando, para fazer aos meus pés e ao meu corpo o que eu já fiz com meu coração e mente." Ela pegou a sua mochila pesada e continuou a caminhar sem eu ter tempo de agradecer a lição. Vi ela outras vezes no caminho pelos vilarejos, mas nunca tive coragem de lhe parar para agradecer e me arrependo por não ter feito isso.

No dia seguinte partimos de Avilés e logo na largada mais uma lição. Estávamos em uma praça movimentada procurando um banco para trocar dinheiro e um senhor malvestido veio em nossa direção para conversar. Nossa reação foi evitar conversa porque achávamos que ele iria pedir dinheiro. Ele conseguiu a nossa atenção e na verdade, estava simplesmente querendo nos mostrar por onde passava o caminho. Explicou que deveríamos ir até a próxima rua e dobrar a direita. Lembro ter olhado para o Flavio e falado, "Puta que o pariu, o cara querendo ajudar e eu achando que era mendigo". Um ditado veio em mente que eu já tinha escutado milhares de vezes e muitas vezes eu mesmo falava para outros, *"Never judge a book by it's cover"*, ou seja, nunca julgue um livro pela sua capa.

Nesse dia o caminho nos levou entre vilarejos que pareciam desertos. Paramos em uma igreja para descansar e comer algo. Uma igreja simples, mas aconchegante que nos rendeu uma hora de descanso ao lado de fora embaixo de uma árvore com direito a uma fonte de água para abastecer as nossas garrafas.

Nesse segundo dia, Richard estava tendo problemas com os pés que já mostravam bolhas enormes entre os dedos. As subidas eram duras e passamos em frente a uma casa onde uma senhora espanhola se encontrava apreciando a vista do mar. Richard estava sem água e muito cansado, e precisava beber algo para continuar. Foi pedir um copo d'agua para essa senhora e ela recusou falando que tinha uma fonte logo acima no caminho. Não achamos fonte alguma e me surpreendi que aquela "senhorinha" pudesse recusar um copo d'agua vendo a situação em que ele se encontrava.

Logo depois paramos em um hotel porque ele não aguentava mais a dor nos pés e resolveu pagar a estadia de todos. Foi uma maravilha, pois o hotel era um resort e tinha spa com piscina, jacuzzi e sauna. Sabíamos que não teríamos uma nova chance como essa e aproveitamos tudo que tínhamos direito.

Eu cuidava de estourar as bolhas no pé de Richard e Flavio aplicava os curativos logo depois.

No terceiro dia passamos por vistas do mar maravilhosas e durante uma trilha árdua entre as montanhas passamos por um senhor de uns 75 anos que caminhava sozinho, determinado e focado em seu caminho, Ele abanou a mão, e com um sorriso doloroso, falou a frase que mais escutamos durante o caminho todo, "Buen Camino". Ele me mostrou como a determinação não tem idade, não tem cor, raça ou religião. Determinação vem de dentro e se você quer algo é só correr atrás e fazer acontecer. Essa determinação que eu vi nele foi demonstrada em outras pessoas que encontramos no caminho com mais idade, com deficiências e por fim até um padre que fazia o caminho descalço.

Nesse terceiro dia Richard começou a levar o caminho um pouco mais a sério. Ele começou a se livrar de peso e descartou um monte de coisa que tinha em sua mochila. Descartou até um ukulele que é semelhante a um cavaquinho que ele tinha comprado no primeiro dia para nos atormentar no caminho e no fim atormentou ele mesmo.

O quarto dia foi difícil e percorremos o caminho próximo ao

mar, subindo e descendo montanhas entre um vilarejo e outro. Meu joelho começou a doer e comecei a me preocupar que poderia piorar. Richard também estava com dores no joelho e o resto do time estava ok. A natureza do norte da Espanha é incrível, com montanhas altas e um mar com um azul forte e maravilhoso. O ar fresco era bem-vindo e nossas preocupações evaporavam pela manhã junto com o nevoeiro. Tínhamos bastante tempo para refletir sobre tudo o que estava acontecendo e dava para notar que já estávamos nos adaptando ao caminho.

O quinto dia foi difícil para mim, mas não pelo caminho que foi praticamente o mais fácil até agora, mas porque foi a primeira vez que pensei em desistir, em voltar para casa e esquecer essa loucura. O bonito havia virado rotina e o meu objetivo era acabar a caminhada logo e ir embora. Eu não estava focado e aberto para o que estava ao meu redor, eu pensava em minha casa e o que estaria fazendo naquele domingo. Essa foi a primeira e a última vez que pensei em desistir e depois desse dia eu comecei a me entregar mais para o caminho para o significado de tudo isso, para a energia que nos envolvia e nos atraia. Comecei a me sentir parte do time e a relaxar um pouco, parar de ser uma pessoa fechada e dura comigo mesmo e com os outros, comecei a tirar o peso de me sentir responsável por todos.

No sexto dia choveu muito, praticamente o dia todo. Nós nos separamos porque o Richard estava com os pés cheio de bolhas e o Fúlvio ficou para trás para ajudar caso precisasse de algo na caminhada. Eu e o Flavio caminhamos juntos e por alguma razão eu me senti muito feliz por estar ali, como se algo tivesse saído de minhas costas, me sentia leve e mais em sintonia com tudo ao redor. Conversamos muito e descobri mais sobre a vida de Flavio e de suas batalhas do dia a dia. Contei um pouco sobre as minhas, mas acho que a maioria deixei para ele ler aqui já que me sinto muito mais à vontade escrevendo do que falando.

Pensei muito na minha Nona nesse dia. Foi interessante que eu parei na frente de uma casa enquanto eu rezava por ela, e vi uma

Ínicio do Caminho de Compostela em Gijón, maio de 2019 - Acervo Pessoal.

Meus irmãos no Caminho de Compostela.
Da esquerda para direita: Flavio, eu, Fúlvio e Richard. - Acervo Pessoal.

O topo da montanha onde foi a parte
mais díficil do caminho - Acervo Pessoal.

estátua de Santo Antônio, o padroeiro dela que ela tanto falava quando eu era pequeno. Um momento emocionante.

Chegamos molhados na cidade e descobrimos que o Richard e Fúlvio haviam ido de taxi até lá. No começo eu até achei uma sacanagem por terem ido de carro, mas depois me dei conta que todo mundo tem seu próprio caminho. Se ele tivesse ido a pé naquele dia molhado seus pés teriam piorado e provavelmente não teria terminado a caminhada.

O sétimo dia foi o último próximo ao mar. Depois o nosso caminho seguiria para o sudoeste da Espanha até Santiago. Isso significava que teríamos que atravessar uma cadeia enorme de montanhas nos próximos dias, portanto esse dia foi de preparação para o que viria a seguir. Chegamos a uma igreja chamada Ermita de San Lorenzo que ficava no topo de um penhasco com vista para a praia de Penarronda. Essa foi a primeira igreja que eu entrei na Espanha e deveria ter somente cinco fileiras de bancos, e era bem pequena. Rezei para que a montanha que enfrentaríamos nos próximos dias não machucasse nenhum de nós e que todos conseguíssemos chegar bem ao fim do caminho. Pensei também na minha família e rezei pela Dani e toda a família. Até para o Mikie eu rezei e me senti bem ali dentro, sozinho.

Depois de descansar e comer algo em um banco fora da igreja, seguimos para a praia onde passamos em frente a uma pousada que ficava de frente para o mar. Richard falou que um dia voltaria para essa pousada e depois de dar dez passos passando por ela, ele voltou, soltou a mochila e falou que ia ficar ali por um ou dois dias, que precisava do mar e precisava desse tempo. Nos despedimos e continuamos nosso caminho, agora só nós três.

No oitavo dia tivemos algumas montanhas, mas o que mais marcou foi uma igreja entre a cidade de Ribadeo e Lourenzá. Essa igreja tinha pinturas do século 12 e 13 e eu nunca tinha visto algo igual. Entramos para visitar e ali tinha um grupo de jovens que explicava sobre a história da igreja. Eu queria me ajoelhar para rezar, mas fiquei sentado, cabisbaixo e com vergonha. Tentei várias vezes e não consegui e isso me machucou muito depois. Eu até voltei para filmar a igreja e tentar ajoelhar porque não havia mais ninguém, porem assim que eu entrei, um dos jovens entrou, e eu desisti novamente. Esse ato me corroeu e me fez chorar dias depois quando pedi perdão por ter sentido vergonha de minha religião e de minha crença. Algo que deve acontecer com muita gente, mas poucos admitem fazer.

"Nunca tenha vergonha de sua fé."

Nono dia, "Água é vida". Partimos para o pior dia da caminhada. Pior por ter uma montanha com uma subida de 680 metros em quatro quilômetros e num angulo de 12 graus. Antes desse terror, paramos no vilarejo de Mondoñedo e encontramos o Richard, que estava nos esperando. Ele iria até a próxima parada de carro e veio para encontrar seus irmãos e desejar uma boa subida. Foi bom que ele não foi conosco pois nesse dia não teria ajuda no meio da montanha e poderia ter prejudicado todos nós se tivéssemos algum problema na subida. Ele soube disso e nos esperou em Mondoñedo na frente de uma igreja sentado em uma mesa com novos cajados e presentinhos para o grupo. Nos abastecemos de água e comemos algo antes de sair. Partimos para a montanha e logo a encontramos. Quando terminamos uma trilha demos de cara com essa parede imensa que teríamos que passar. Flavio estava tendo problemas com uma inflamação no músculo da canela e mancava, então ele teria que continuar andando sem parar para não correr o risco de travar. Ele começou a andar e não nos vimos até chegarmos no topo.

Eu fiquei para trás porque estava preocupado com o Fúlvio que tinha uma hérnia que poderia estourar a qualquer momento. Eu subia por vinte minutos e esperava o Fúlvio me alcançar, com isso eu descansava e subia aos poucos. Foram horas de muita dor e suor que pareciam nunca iriam acabar. Quando achávamos que estava quase terminando, tinha mais para subir. No topo da montanha, conseguimos ver uma paisagem maravilhosa que ia até o mar que valeu cada passo até a chegada. Um sentimento de conquista junto com o Fúlvio mas, ao mesmo tempo, estávamos preocupados com o Flavio. Minutos depois o encontramos sentado nos esperando. Flavio demonstrava um sorriso de alívio, mas eu imaginava que a dor deveria estar quase insuportável. Acho que foi nesse dia que a unha do dedão dele começou a soltar e só aguentou até chegar no Brasil quando caiu completamente.

O problema dessa subida foi que não estocamos água suficiente e faltou para todos. Flavio tinha terminado toda a sua água e alguns peregrinos que passaram por ele deram um pouco da água deles. Mesmo assim ele estava com muita sede e eu estava com os últimos goles da minha. Fúlvio também tinha muito pouco e decidimos guardar para alguma emergência. Depois de chegar ao topo ainda precisávamos andar bastante até chegar a uma fonte de água. O caminho era uma estrada de terra sem nada no caminho. Estava muito calor e começamos a nos preocupar com a questão da água. Quando chegamos na fonte essa foi a melhor água que bebi em minha vida! "Água é vida". Fúlvio molhou a cabeça e nos sentamos ali nessa fonte por uns trinta minutos aproveitando a água gelada que saia dessa fonte natural. Depois disso nunca mais faltou água e começamos a valorizar e cuidar mais.

No decimo dia o Richard nos encontrou para continuar a caminhada. Ele tinha melhorado um pouco dos pés e já conseguia andar porem ainda com dificuldades. Foi um dia fácil e sem subidas. Richard comentou em uma conversa que só estava ali por nossa conta e que nunca teria feito essa caminhada se soubesse o que seria. Ele estava revoltado e eu até me senti culpado. mas no fim eu torcia muito para que ele mudasse de ideia e que o caminho fosse tão bom para ele como estava sendo para nós. Ele estava passando uma fase difícil de sua vida e andava meio revoltado com o mundo. Eu nunca tinha visto ele assim. Temos sempre tentar entender o lado da outra pessoa, sem julgar, cada um tem seu jeito de ser e sua razão por estar fazendo algo.

O decimo primeiro dia foi o mais longo porque juntamos duas rotas em uma e foi um dia muito marcante da caminhada. Eu comecei o dia indo logo à frente de todos e caminhei rápido.

Por alguma razão eu estava chateado com o Richard pelo que ele tinha comentado no dia anterior e acordei assim. Eu queria sair antes a caminhar sozinho porque estava precisando desse tempo e isso me fez errar o caminho, por pura falta de atenção minha. Eu errei uma curva e acabei passando por cima de uma estrada bem movimentada que conectava esse local até a próxima cidade. Eu não quis voltar e reencontrar o caminho para evitar encontrar o resto do grupo então decidi andar nessa estrada até chegar na próxima cidade e conectar no caminho que passava por ali. Essa decisão me levaria por um caminho mais longo usando uma estrada movimentada e com um calor insuportável vindo do asfalto e dos veículos que ali passavam. No fundo foi bom porque eu nunca andei tão rápido e deu para refletir muito, precisava disso.

Andei dezoito quilômetros sem parar até o vilarejo de Baamonde onde cheguei na marca de 100 quilômetros até Compostela. Já estava começando a me sentir fraco e parei para tomar um refrigerante e um chocolate para repor as energias para conseguir terminar a caminhada. Saindo de Baamonde você precisa andar em uma estrada até chegar na trilha. Foi nessa estrada aonde tudo desabou e sem explicação eu comecei a chorar. Tudo veio ao mesmo tempo e eu não sei por quê. Comecei a pedir perdão por tudo, enquanto caminhava e chorava como uma criança. Pedi perdão pelo passado e tudo que tinha acontecido em minha vida. Pedi perdão por ter tido vergonha naquele dia na igreja e não me ajoelhado. Chorei sem parar e não sabia de onde saíam tantas lagrimas, mas era algo que não conseguia controlar. Agradeci muito por estar com saúde e poder ter essa oportunidade de chegar aonde cheguei, rezei por todos. Falei com meu anjo da guarda como sempre e me senti leve, extremamente leve, e parecia que eu não tinha mais mochila nas costas. Me senti em paz com tudo e com todos e comecei a perceber tudo ao redor. Esse ponto da caminhada mudou o jeito que eu via as coisas, e me mudou por dentro. Como se uma luz tivesse sido ligada e eu conseguia ver mais do que antes. Difícil explicar esse sentimento, mas a vida toda passou como um flash em minha mente e lembrei de coisas que não lembrava. De como tinha chegado ali, das derrotas e das vitorias e de como tudo estava interligado. Como as vitorias precisavam das derrotas para continuar o seu caminho. Lembrei que há vinte anos eu já pensava nessa caminhada e como ela seria, e nunca imaginei que fosse muito mais do que eu esperava.

Enquanto eu chorava e tudo isso passava em minha cabeça, eu me livrava das dores, do ódio, raiva e de todo o sentimento ruim que estava grudado em mim. Me livrava de um inimigo que estava dormindo dentro de mim a anos. Um inimigo que não aparecia há muito tempo, mas estava ali e mesmo dormindo, me relembrava de todo o passado. Esse inimigo ficou no caminho como se fosse sugado de dentro de mim e ali morreu. Eu saí da estrada seguindo o caminho marcado e passei por uma pequena ponte. Passando por ela eu exalei todo o ar do meu pulmão como me livrando de tudo isso de dentro de mim e ao chegar do outro lado do riacho fechei meus olhos enquanto caminhava e respirei como nunca havia feito antes, um ar fresco, um ar novo, uma energia nova, um sentimento novo. Senti como se tudo de ruim tivesse ficado no riacho e agora novas energias e sentimentos tivessem entrado em mim. Quem está lendo deve achar isso tudo loucura, pode até ser, mas o caminho faz isso com a pessoa. Ao perguntar para os peregrinos como era fazer o caminho, a resposta sempre era "difícil explicar, você precisa fazer". Eu corro o risco de me chamarem de louco, mas prefiro que o leitor consiga visualizar e talvez entender o que eu senti.

Abri meus olhos e o caminho entrava em uma mata e chegava em uma igreja muito antiga com um córrego ao lado. O único som que ouvia era da mata e desse córrego que ali passava e o meu sentimento foi de paz. Me sentia uma nova pessoa, com menos peso, novas energias e agradeci muito por ter passado essa experiência. Segui em frente até o albergue aonde ficaríamos no vilarejo de Miraz e esperei os outros chegarem.

Os próximos dias foram bons e os ânimos estavam diferentes. Eu não sei se eles também tinham passado, talvez até desapercebidos, por essa mesma transformação que eu tinha sentido. Não sei como eles estavam se sentindo, mas eu notei uma certa leveza em todos. Isso também poderia ser porque estávamos nos últimos dias do caminho ou simplesmente porque eu estava mais leve, e era eu quem colocava esse peso no grupo…Considero que a segunda opção seja a mais provável.

Nosso caminho se conectou com o caminho francês que é o mais conhecido onde percorrem a maioria dos peregrinos. Notamos uma diferença enorme nas pessoas que passavam por esse caminho. Eles pareciam estar em uma caminhada turística, pareciam mais limpos e muitos sem mochila. Claro que tinham exceções, mas os que mais chamavam a nossa atenção eram as pessoas sem mochila e parecendo que tinham acabado de começar o percurso. O caminho no Norte que fizemos é conhecido como o pior e eu sabia que o caminho francês era o mais fácil, mas nunca imaginei que nele muitos usavam um serviço que levava as mochilas para o próximo hotel, sendo assim uma caminhada sem peso. Quando nosso caminho se conectou com esse, as cidades eram maiores com peregrinos por todos os lados em bares e restaurantes sorrindo e aproveitando o que realmente parecia mais uma caminhada turística. O pessoal que vinha do caminho do norte chegava desgastado, sujo e dava para notar os olhares desgastados de quem passou a maioria do caminho subindo e descendo montanhas.

Nesses últimos dois dias de caminhada encontramos um padre que fazia a caminhada descalço e até um senhor que deveria ter mais de noventa anos de idade. Todos estavam felizes por estar na última etapa dessa caminhada que para nós foi somente 15 dias e para outros, como a senhora holandesa do primeiro dia, durava meses.

No penúltimo dia paramos em vários lugares para comer e Flavio estava ainda pior com sua unha caindo e a canela inflamada. Estava bem difícil para ele andar, mas estávamos na rota final e ele continuou como um guerreiro, sem reclamar e sem demonstrar muita dor. Ele comentava bastante sobre a família e sei que estava feliz por estar terminando a caminhada.

Fúlvio só tinha um problema nessa etapa da caminhada, dormir. O cara dormia umas tres horas todas as noites e no próximo dia acordava rindo e brincando com todos. Ele sempre falava com o filho e é um pai exemplar que não é fácil de encontrar. O amor que ele tem pelo filho é imenso e muito legal de presenciar.

Richard por sua vez, nos últimos dias estava tranquilo, mas já começava a pensar nos dias em que chegaria ao Brasil, reuniões e viagens marcadas e ele focava nisso depois das caminhadas.

O grande dia chegou e partimos rumo a Santiago de Compostela, nosso destino e a razão de estar ali.

Eu estava focado e não sabia qual seria a minha reação na chegada, isso é algo que não tem como prever. Combinamos de nos encontrar antes da chegada na catedral e Fúlvio e Richard ficaram para trás. Eu e Flavio chegamos e antes de entrar na cidade antiga a uns quilômetros da catedral esperamos por eles, pois teríamos que terminar como começamos, juntos.

Nos reunimos e começamos a andar, sempre seguindo as marcas dos caminhos. As ruas ficaram estreitas e somente pessoas andavam por aqui. Passamos várias lojas e restaurantes e o povo estava feliz. Muitos peregrinos voltavam pelo caminho, felizes por terem terminado. Passamos uma igreja e de repente conseguimos escutar o som de uma gaita de fole sendo tocada e só de pensar me dá arrepios essa cena. Passamos por um homem tocava essa gaita e continuamos andando até chegar em uma praça. Virei para a esquerda e então a vi pela primeira vez, e me dei conta da grandiosidade dessa catedral, a Catedral de Santiago de Compostela, nosso destino final. Minha reação foi silenciosa, fiquei quieto, sem saber o que fazer. Fúlvio se emocionou e todos nos abraçamos sem muito o que falar. Richard abaixou a cabeça apoiando sua testa no cajado e chorava e isso foi uma surpresa para mim. A energia daquele lugar com todos os peregrinos se abraçando e chorando me emociona ainda agora. A minha ficha não tinha caído ainda e eu me deitei na frente da catedral com a cabeça apoiada na minha mochila. Rezei muito e agradeci por ter chego ali, por ter conseguido depois de tanto tempo fazer o famoso Caminho de Compostela. Ainda estava meio fora do ar e minha mente ainda não registrava que tinha acabado, que amanhã não teríamos que levantar para continuar caminhando, e que o caminho e os sinais acabavam ali. Levantamos do chão e fomos até o apartamento que tínhamos alugado para finalmente tomar um banho quente e relaxar. O caminho tinha acabado.

O caminho de Compostela para mim foi muito marcante, foi onde um capítulo muito longo terminou e outro começou em minha vida. Foi onde eu deixei para trás os meus inimigos e foi onde eu pedi perdão por coisas que fiz há muito tempo e por coisas que fiz no caminho. Foi onde eu me senti próximo de Deus e de meu anjo da guarda. O caminho me ensinou a sempre procurar os sinais da vida e a segui-los sem medo de errar porque sempre podemos voltar e reencontrar esses sinais. A vida é assim, todos nós em nosso próprio caminho e todos com o mesmo destino, a morte, simples assim.

Aprendi a apreciar as pequenas coisas da vida, as coisas simples, e foi com o povo da Espanha durante o caminho que aprendi a relaxar e aproveitar mais, sem essa loucura de trabalho vinte e quatro horas. Foi com uma senhora holandesa que eu aprendi que nosso corpo precisa se igualar, precisamos de equilíbrio e para fazer isso às vezes precisamos "fazer com o corpo o que já fizemos com nosso coração e mente", uma coisa tão simples, mas que faz todo o sentido.

Durante a minha vida eu sempre falava de caminho, sempre perguntava qual seria o meu caminho e hoje eu vejo que a resposta é simples pois todos nós temos o mesmo destino, mas caminhos diferentes, é só procurar os sinais e tomar a direção correta conforme o caminho escolhido. Não acredito que temos um caminho pré-determinado no dia em que nascemos, acho que nossas decisões definem qual é o caminho que iremos tomar e os sinais podem ser definidos por intuição, instinto, ou simplesmente um sinal mesmo. Papo de louco? Talvez, mas para mim funciona.

É extremamente difícil escrever aqui sobre o caminho de Santiago de Compostela porque são tantas coisas que acontecem ao mesmo tempo e quase todas não tem como explicar, só fazendo o caminho para poder senti-lo, apreciá-lo e viver a vida de um peregrino.

Foi no caminho que eu passei todos os dias ao lado de guerreiros que viraram irmãos, que lutaram ao meu lado, que sofreram dores, mas não desistiram de chegar até o fim. Notei que senti aquela mesma irmandade que só apreciava no Grupo de Operações Especiais. Me senti orgulhoso por eles terem terminado ao meu lado, mesmo com dificuldades físicas, perdendo as unhas dos pés e com bolhas enormes e dores no corpo todo. Eles terminaram e sei que o caminho foi tão importante para eles como foi para mim. Amo esses caras e iria para qualquer caminho com eles em qualquer lugar do mundo.

Um dia depois de terminar nos separamos e fui encontrar a minha esposa Dani que chegaria no dia seguinte. Abracei meus irmãos e me senti triste por estar largando-os ali, queria ficar mais e continuar a caminhar, mas nosso tempo tinha acabado aqui.

Aluguei em carro no aeroporto e parti para Madri, uma viagem de cinco horas. Encontrei a Dani no próximo dia e passamos dias maravilhosos em Portugal e Espanha.

Mas, tive que voltar para Compostela e quis mostrar para a Dani o que era tudo aquilo. No fundo eu queria testar a mim mesmo e ver se toda aquela energia que senti no fim da caminhada foi pela exaustão de tudo e pela emoção em terminar. Chegando lá eu notei que essa mesma energia estava presente e me emocionei ao ver peregrinos chegando aos poucos, se abraçando e chorando como nós há uma semana atrás. Queria ficar ali o dia todo, mas tivemos que partir. Sei que Dani sentiu a mesma energia e espero voltar algum dia depois de uma longa caminhada. Certamente voltarei ao "Camino" um dia…

27
FINAL

Minha vida me levou a tantos lugares que eu poderia escrever um livro para cada um deles. Tenho tanto para contar e tão poucas páginas, que para não perder o leitor, eu pulei bastante coisa. A parte militar eu realmente não posso contar, quem sabe um dia. Eu acabo de fazer quarenta anos de idade e me sinto como se tudo que pudesse ter acontecido de extraordinário em minha vida, aconteceu antes dos 40. Noto que, aos poucos, a vida está ficando mais calma.

Vi muita tristeza, felicidade, muita morte, miséria e muita vida nesses últimos anos, tive que aprender a bloquear tudo e de todos para ter uma vida comum. Já fui uma pessoa ruim como também uma pessoa extremamente bondosa e prefiro a segunda opção em minha vida. Quem me conhece sabe do meu coração e da minha conexão espiritual com meu anjo da guarda. Se não sabem vão descobrir aqui sobre ele, que somos inseparáveis.

Hoje em dia eu sou sócio de um escritório da imobiliária chamada Legacy Plus Realty e também sócio de uma construtora chamada Petrum. Moro em Orlando e atendo clientes investidores que viram amigos como foi o caso da escritora Nereide que me inspirou a escrever e é a proprietária da editora que publicou este livro.

Uma das coisas que mais gosto do trabalho na imobiliária é ver a felicidade de uma pessoa na compra de seu primeiro imóvel nos

Estados Unidos ou do investidor que na Petrum constrói uma casa e tem um lucro alto. Sempre, desde pequeno, gostei mais de ver a felicidade dos outros do que a minha, de dar ao invés de receber e de ser uma pessoa boa.

Se nesse livro eu puder mudar a vida de alguém para o bem, valeu a pena todo esse esforço. Aos 40 eu sei que a minha missão aqui é inspirar pessoas a sonhar alto e a nunca desistir. Acreditar em si mesmas e tomar o caminho certo.

Acredite em você mesmo porque você é seu próprio herói.

Quem é o meu herói? Eu mesmo, sempre serei!

Made in the USA
Las Vegas, NV
12 September 2021